L'OCCASION PERDUE

RECOUVERTE

PAR PIERRE CORNEILLE

NOUVELLE ÉDITION

ACCOMPAGNÉE DE NOTES ET DE COMMENTAIRES
AVEC LES SOURCES ET LES IMITATIONS QUI ONT ÉTÉ FAITES
DE CE POEME CÉLÈBRE
NON RECUEILLI DANS LES ŒUVRES DE L'AUTEUR.

PARIS

CHEZ JULES GAY, ÉDITEUR

QUAI DES AUGUSTINS, 41

1862

L'OCCASION PERDUE

RECOUVERTE

TIRÉ A 320 EXEMPLAIRES, TOUS NUMÉROTÉS, ET SUR
PAPIER VERGÉ :
250 FORMAT PETIT IN-12, ET 70 FORMAT IN-8°

N° *6*

PARIS. — IMP. SIMON RAÇON ET COMP., RUE D'ERFURTH, 1.

L'OCCASION PERDUE

RECOUVERTE

PAR PIERRE CORNEILLE

NOUVELLE ÉDITION

ACCOMPAGNÉE DE NOTES ET DE COMMENTAIRES
AVEC LES SOURCES ET LES IMITATIONS QUI ONT ÉTÉ FAITES
DE CE POEME CÉLÈBRE
NON RECUEILLI DANS LES ŒUVRES DE L'AUTEUR.

PARIS

CHEZ JULES GAY, ÉDITEUR

QUAI DES AUGUSTINS, 41

—

1862

L'OCCASION PERDUE

RECOUVERTE

STANCES (1)

I

Un jour, le malheureux Lisandre,
Poussé d'un amour indiscret,
Attaquoit Cloris en secret,
Qui ne pouvoit plus se défendre.
Tout favorisoit son amour :
L'astre qui nous donne le jour
Alloit porter ses feux dans l'onde,
Et cet ennemy de Cypris
Ne laissoit de lumière au monde
Que dans les beaux yeux de Cloris.

(1) Ce texte, que nous regardons comme l'original de Pierre
Corneille, est tiré du *Nouveau Cabinet des Muses, ou l'Eslite
des plus belles poésies de ce temps* (Paris, veuve Edme Pepingué, 1658, in-12). La pièce se trouve dans un cahier
imprimé à part vers 1660, et placé à la suite du recueil; ce
cahier de 50 pages manque dans la plupart des exemplaires.

II

Avec un amoureux silence,
Dans un secret appartement,
Elle supporte doucement
Son amour et sa violence;
Ses bras qu'elle veut avancer
Ne servent à le repousser,
Que pour l'attirer davantage;
Elle le souffre à ses genoux,
Et n'a pas presque le courage
De luy dire : « Que faites-vous? »

III

Avec un œil doux et sévère
Elle envisage son amant,
Et luy montre confusément
De l'amour et de la colère.
« Lysandre, dit-elle tout bas,
Je crieray, car ne pensez pas
Que je contente vostre envie;
Cessez d'attaquer mon honneur,
Ou commencez d'avoir ma vie,
Comme vous avez eu mon cœur! »

IV

Mais Lisandre, aussi peu timide
Qu'il estoit beaucoup amoureux.
Imprime l'ardeur de ses feux
Sur les bords de sa bouche humide.
Et glisse sa brûlante main
Sur la neige de son blanc sein.
Dont il prétend fondre la glace,
Et, la tenant entre ses bras,
Il ose élever son audace
Sur un lieu plus saint et plus bas.

V

Là, sans respect et sans relâche,
Il cherche l'objet de ses vœux,
Et trouve ce lieu bien-heureux
Sous le cotillon qui le cache;
De ses doigts tremblans et hardis
Il prend le sombre paradis
Qui donne l'enfer à nos âmes,
Ce throsne vivant de l'amour,
Où, parmy les feux et les flammes.
L'on n'a jamais trouvé le jour.

VI

Attachez bouche contre bouche,
L'un et l'autre estroitement pris.
Il esbranla si bien Cloris,
Qu'il la jetta sur une couche,
Lorsqu'avecque des yeux roulans.
Demy-vifs et demy-mourans,
Elle feignit d'estre pasmée,
Et, dans un si prompt changement,
Ne parut plus estre animée
Que par des soûpirs seulement.

VII

A voir sa gorge toute nuë,
Son corps tout du long estendu,
L'on sçait bien qu'elle avoit perdu
Sa pudeur et sa retenuë;
Que sa constance estoit à bout,
Que son Lisandre pouvoit tout,
Qu'elle se fust laissé tout faire;
Mais, par un accident fascheux,
Que je dis et qui se doit taire.
Il ne se passa rien entr'eux.

VIII

Près de gouster mille délices,
Ce triste et mal-heureux amant
Vid changer son contentement
En de très-rigoureux supplices :
Il estoit couché sur Cloris,
Lorsqu'il demeura tout surpris
D'une infortune sans seconde,
Et, pour comble de son ennuy,
Ce qui donne la vie au monde
Demeura mort et froid en luy.

IX

Ce directeur de la nature,
Ce principe du mouvement,
Immobile et sans sentiment,
Perd sa vigueur et sa figure;
Lisandre a beau se tourmenter.
Il a beau le solliciter
Et luy préparer des amorces,
Ce lasche qu'il excite en vain,
Au lieu de reprendre ses forces,
Pleure mollement sur sa main.

X

Dans cette cruelle adventure,
Triste, désespéré, confus,
Le pauvre amant ne songe plus
Qu'à renoncer à sa nature.
Dans sa furie et ses transports,
Craignant que, malgré ses efforts,
On ne l'accuse d'impuissance,
Appelle d'un air languissant
Des témoins de son innocence
Sur le crime auquel il consent.

XI

Cependant Cloris, revenuë
De ce feint assoupissement,
Porte les deux mains promptement
Dessus sa cuisse toute nue.
Là, par dessein ou par hazard,
Elle empoigna ce dieu camard,
Second Priape de la Fable;
Mais, le sentant froid et rampant,
Elle pense que c'est un diable
Sous la figure d'un serpent.

XII

Jamais une jeune bergère
Ne retira si promptement
Sa main qui trouve innocemment
Un aspic dessous la fougère,
Que fit Cloris sa belle main
De dessus ce membre trop vain
Qu'elle toucha dessous sa robe,
Lorsqu'avec un juste dépit
Elle se lève et se dérobe
Des bras de Lisandre et du lit.

XIII

Dans la colère qui l'emporte
Elle pousse ce pauvre amant,
Et sans l'écouter seulement,
Se dispose à gagner la porte,
Lorsque Lisandre, à ses genoux,
Luy dit : « Cloris, que faites-vous?
Tout du moins escoutez mes plaintes,
Et regardez dans mon malheur
Toutes les plus vives atteintes
De l'amour et de la douleur.

XIV

« Ma chère Cloris, je vous aime
Plus que les délices des cieux,
Plus que les hommes et les dieux,
Et mille fois plus que moy-mesme;
Je brusle d'une vive ardeur,
Et cette nouvelle froideur
Ne vous doit pas sembler estrange :
Je sçay bien comme il faut aimer;
Mais, pour m'oster des bras d'un ange,
Un diable est venu me charmer.

XV

« Quelque ennemy de la Nature
Trouble mes sens et ma raison,
Et de son funeste poison
Souille une flamme toute pure ;
Peut-estre sont-ce aussi les dieux
Qui, se voyans moins glorieux,
M'ont voulu rendre misérable :
Mais, que dis-je? ils sont innocens;
Cloris, elle seule, est coupable,
Elle seule a charmé mes sens.

XVI

« C'est sa beauté qui, dans mon âme,
A joint le respect à l'amour;
C'est son œil plus beau que le jour
Qui fait croistre et mourir ma flamme;
Heureux dans ma captivité,
Je n'osois avec liberté
Jouir d'une grâce imprévuë,
Et de tous mes sens transportez
Je n'ay réservé que la veuë
Pour admirer tant de beautez.

XVII

« Quoy qu'il en soit, mon adorable,
Avant que vous quittiez ces lieux,
Souffrez que je perce à vos yeux
Un cœur fidèle et misérable,
Afin que j'expie en mourant
Un crime si noir et si grand,
Qu'il choque la Nature mesme,
Et que, pour venger vos appas,
Ma mort vous tesmoigne que j'aime,
Puisque ma vie ne le fait pas. »

XVIII

Il alloit parler davantage
Pour exprimer son désespoir,
Et peut-estre qu'il eût fait voir
Des sanglans effets de sa rage,
Lorsque, l'arrestant par le bras,
Cloris luy dit : « Ne parlez pas !
J'entends quelqu'un qui se promène,
Et je vois avecque grand bruit
Resplendir la chambre prochaine
De la lumière de la nuit ! »

XIX

Soudain une voix entenduë
Redoubla son estonnement,
Et luy fit dire promptement :
« Cher Lisandre, je suis perduë !
Ha ! cessez de me retenir;
C'est mon mary qui va venir !
Je l'entends, il est à la porte;
Il faut toujours craindre un jaloux,
Et, vous, dont la vigueur est morte,
Comment luy résisterez-vous ? »

XX

Lors cette belle, transportée
D'amour, de crainte et de soucy,
Mena nostre amoureux transi
Près d'une fenestre escartée,
Et, sans beaucoup de compliment,
Il se glissa légèrement
Et descendit dedans la ruë,
Où, pressé d'un mortel ennuy,
Il fit longtemps le pied de gruë,
Et puis se retira chez luy.

XXI

Frappé de la funeste envie
Qui fait la honte et le remords,
Il souffrit mille fois la mort
Du dernier malheur de sa vie.
Quoy qu'alors les jours fussent grands,
Cette nuit luy dura mille ans;
Il ne pust fermer la paupière;
Sur le poinct du jour seulement,
Honteux de revoir la lumière,
Il les ferma pour un moment.

XXII

Le Soleil, qui chasse les ombres
Et l'espouvantement des nuits,
Loin de dissiper ses ennuis,
Les rendit plus noirs et plus sombres;
Quand il vit ce père du jour,
Il crut, par un excez d'amour,
Voir de Cloris la vive image;
Mais il connut dans un moment,
Comme Ixion dans un nuage,
Que son amour n'estoit que vent.

XXIII

Après mille secrettes gesnes,
Cet amant, par un digne effort,
Résolut de chercher la mort
Ou bien le remède à ses peines.
« Ha! je ne crains plus mon malheur!
Je mourray, dit-il, de douleur,
Ou je répareray ma gloire;
Et, quoy qu'il en soit, dans ce jour,
Je remporteray la victoire
De la mort ou bien de l'amour. »

XXIV

Le bouillant désir qui le presse
Fait que d'abord après disner
Il sort et se va promener
Près le logis de sa maistresse;
A peine y fut-il un moment,
Qu'il en vit sortir Dorimant,
Le vieil mary de cette belle,
Et, se glissant dans la maison,
Il alla chercher auprès d'elle
Ou sa mort ou sa guérison.

XXV

Par une secrette avenuë,
Il fut dans son appartement,
Et la trouva nonchalamment
Dormant sur son lit estenduë :
Mais, dieux! que devint-il alors?
En approchant de ce beau corps,
Il eut des mouvemens estranges,
Lorsqu'une cuisse à descouvert
Luy fit voir le bon-heur des Anges
Et le ciel de l'Amour ouvert.

XXVI

Dans cette agréable surprise
Où Cloris n'avoit pas songé,
Elle avoit assez mal rangé
Son cotillon et sa chemise;
Lisandre aussi, trop curieux,
Vid lors les délices des dieux,
La peine et le plaisir des hommes,
Nostre tombe et nostre berceau,
Ce qui nous fait ce que nous sommes
Et ce qui nous brusle dans l'eau.

XXVII

Petit thrésor de la Nature,
Estroite et charmante prison,
Doux tyran de nostre raison,
Fixe et mouvante sépulture,
Autel que l'on sert à genoux,
Dont l'offrande est le sang de tous,
Sangsuë avide et libérale,
Roy de la honte et de l'honneur,
Permettez que ma plume estale
Ce que Lisandre eut de bon-heur.

XXVIII

Beau composé, belle partie,
Je sçay bien que, lorsqu'il vous vit,
Il n'observa dessus ce lit.
Ny l'honneur ny la modestie;
Mais d'amour et de charité
Il couvrit vostre nudité,
Pour faire évaporer sa flamme,
Et savoura tous les plaisirs
Que le corps fait sentir à l'âme
Dans le transport de nos désirs

XXIX

Ce beau dédale qu'il contemple
Avec des yeux estincelans
Fait naistre et couler dans ses sens
Une ardeur qui n'a point d'exemple.
Le feu dont il se sent brusler
Le consomme, et, pour se montrer,
Gagne son cœur et son visage,
Et ce lasche de l'autre jour,
Se roidissant d'un fier courage,
Escume le feu de l'amour.

XXX

Plein d'ardeur, d'audace et de joye
De remporter un si beau prix,
Le galand sauta sur Cloris,
Comme un faucon dessus sa proye,
Quand cette belle, ouvrant les yeux,
Vid Lisandre, victorieux,
Forçant ses défences secrettes,
Et, la tenant par les deux bras,
Entrer, bouffi de ses conquestes,
En un lieu qu'on ne nomme pas.

XXXI

Tandis que Cloris se tourmente
Par de doux et puissans efforts,
Et qu'elle agite tout son corps,
Pour sauver sa vertu mourante;
Son heureux Lisandre aux abois
Roule les yeux et perd la voix:
L'amour fait escouler son âme,
Elle est toute preste à partir;
Il s'estend, il dort, il se pasme,
Et ne sent rien, pour trop sentir.

XXXII

D'abord que son âme ravie
De l'excez d'un plaisir si grand
Eut par un soupir tout brûlant
Donné des signes de sa vie,
Cloris avec sa belle main
Osta la bouche de son sein
Où son amant l'avoit collée,
Et se deschargeant peu à peu,
Honteuse de se voir moüillée,
Essuya l'eau qui vient du feu.

XXXIII

Après une colère feinte,
De tout ce qui s'estoit passé,
Un reste d'honneur offensé
Fit ouvrir la bouche à la plainte :
« Ha ! dit-elle, c'est fait de moy;
J'ay faussé l'honneur et la foy;
Vous me perdez, cruel Lisandre !
Faut-il que, malgré mon devoir,
J'aye en un moment laissé prendre
Ce qu'on ne peut jamais r'avoir !

XXXIV

« Mais, si pour une faute extrème
On peut trouver quelque couleur,
Je puis dire dans mon malheur
Que j'ay failly parce que j'aime.
Amour, ce maistre impérieux,
Force les hommes et les dieux,
Et brusle les poissons dans l'onde;
Nul ne peut éviter ses coups,
Et, puisque tout aime en ce monde,
Je peux brusler d'amour pour vous.

XXXV

« C'est avec raison que mon âme
Reçoit l'amour d'un favory;
Ces noms de vieux et de mary
Font l'horreur d'une jeune femme;
Les maris, ces lasches tyrans,
Ne se sont faits nos conquérans
Que contre le droit de Nature,
Et c'est en pratiquer la loy
D'aller chercher la nourriture
Que l'on ne trouve pas chez soy.

XXXVI

« Mais ces hommes sont infidèles;
Leur plus beau feu s'esteint en peu,
Et de tout l'amour qu'ils ont eu
Ils n'en réservent que les ailes;
Esclaves de la liberté,
Ils font voir leur légèreté
Dans leur geste ou dans leur langage.
Et, pour un plaisir indiscret,
Ces oiseaux, sortans de la cage,
Vont conter tout ce qu'ils ont fait.

XXXVII

« Trop juste et trop aimé Lisandre.
S'il en estoit ainsi de vous,
Je percerois de mille coups
Ce cœur qui s'est laissé surprendre;
J'ay tout perdu pour vous gagner :
Voudriez-vous, pour me ruiner,
Éventer mes secrettes flammes.
Et tireriez-vous vanité
De la foiblesse d'une femme
Et de vostre légèreté? »

XXXVIII

« Ha! que plustost la mort m'advienne! »
Cria Lisandre à ce discours,
Dont, pour interrompre le cours,
Il mit sa bouche sur la sienne;
L'eslevant de terre il la prit
Et la coucha dessus le lit,
Où je ne sçay pas ce qu'ils firent;
Je crois bien qu'ils firent cela,
Puisque les Amours qui les virent
M'ont dit que le lit en bransla.

XXXIX

Ce fut alors qu'ils se pasmèrent
De l'excez des contentemens;
Que cinq ou six fois ces amans
Moururent et ressuscitèrent;
Que bouche à bouche et corps à corps,
Tantost vivans et tantost morts,
Leurs belles âmes se baisèrent,
Et que, par d'agréables coups,
Entr'eux ils se communiquèrent
Tout ce que l'amour a de doux.

X L

Muse, n'eschauffez plus ma veine;
De grâce, arrestez-vous un peu,
Ou m'inspirez un autre feu
Que celuy de vostre fontaine.
Je ne sçay quoy dedans mon cœur
Se glisse avec tant de douceur,
Que je suis forcé de me rendre :
Ha! Cloris, quand je m'en souviens,
Je m'imagine estre Lisandre,
Et me semble que je vous tiens.

VARIANTES

D'APRÈS LES

*POÉSIES NOUVELLES ET AUTRES ŒUVRES GALANTES
DU SIEUR DE C...*

(PARIS, THÉODORE GIRARD, 1662, IN-12).

———

Strophe III.

Je va crier ! Ne pensez pas...

Strophe V.

Dessous la jupe qui le cache...
Il prend ce sombre paradis...
L'on n'a jamais trouvé de jour.

Strophe VII.

Et qu'elle l'eût laissé tout faire.

Strophe VIII.

Et que pour le combler d'ennui.

Strophe IX.

Pleure mollement dans sa main.

La strophe X manque.

Strophe XI.

Ce chaud Priape de la Fable;
Mais, le trouvant froid et rampant,
Elle crut que c'étoit un diable...

Strophe XII.

De sur ce membre lâche et vain
Qu'elle sentit dessous sa robe...

Strophe XIII.

Elle repousse son amant.

Strophe XIV.

Parmi tant d'amour et d'ardeur,
Cette apparence de froideur...

Strophe XV.

Cloris toute seule est coupable.

Strophe XVII.

Si ma vie ne le fait pas.

Strophe XVIII.

Et qu'elle vit avec grand bruit
Porter dans la chambre prochaine
Les sombres flambeaux de la nuit.

Strophe XIX.

Comment lui résisteriez-vous?

Strophe xx.

> Il se guinda légèrement
> Et se laissa choir dans la rue,
> D'où, pressé d'un mortel ennui
> Et de la honte qui le tue,
> Enfin il s'en alla chez lui.

Strophe xxi.

> Poussé de la funeste envie
> Que fait la honte et le remords,
> Il souffrit plus de mille morts...
> Il la ferma languissamment.

Strophe xxii.

> Comme Ixion sur le nuage.

Strophe xxiii.

> De la mort ou bien de l'amour.

Strophe xxiv.

> Le brûlant désir qui le presse
> Fait qu'après un léger repas
> Il sort, il adresse ses pas
> Vers le logis de sa maîtresse...
> Et se glissant dans sa maison...

Strophe xxv.

> Qu'en approchant de ce beau corps
> Il eut de mouvemens étranges !

Strophe xxvi.

> Et ses jupes et sa chemise

Les deux strophes suivantes ne se trouvent pas
dans le texte que nous avons choisi comme l'original.

> Aimant de la Nature humaine,
> Bijou chatouilleux et cuisant,
> Précipice affreux et plaisant,
> Cruel repos, aimable peine,
> Remède et poison de l'amour,
> Bûcher ardent, humide four
> Où les hommes se doivent cuire,
> Jardin d'épines et de fleurs,
> Sombre fanal qui fait reluire
> Nos fortunes et nos malheurs;
>
> Nid branlant qui nous sers de mue,
> Asile où l'on est en danger,
> Raccoursi qui fais allonger
> La chose la moins étendue,
> Fort qui se donne et qui se prend.
> Œil couvert qui ris en pleurant,
> Bel or, beau corail, belle ivoire.
> Doux canal de vie et de mort
> Où, pour acquérir de la gloire.
> L'on fait naufrage dans le port.

Strophe XXVII.

> Vivifiante sépulture.

Strophe XXVIII.

> Mû d'amour et de charité.

Strophe XXIX.

> Ce feu qui consume son cœur
> Porte partout sa vive ardeur,
> Éclate enfin sur son visage.

Strophe xxx.

> Forcer les défenses secrètes...
> Entrer, tout fier de ses conquêtes...

La strophe xxxii manque tout entière.

Strophe xxxiii.

> Porta Cloris à cette plainte.

Strophe xxxiv.

> Brûle jusqu'aux poissons dans l'onde...
> Je ne veux rien aimer que vous.

Strophe xxxvi.

> Mais les hommes sont infidèles,
> Ils n'aiment jamais plus d'un jour,
> Et souvent de tout leur amour
> Ils ne retiennent que les ailes...

Strophe xxxviii.

> Mais secrètement l'on m'a dit
> Que tous les Amours qui les virent
> Sourioient de ce qui s'y fit.

Strophe xxxix.

> Et que plusieurs fois ces amants...
> Leurs beaux corps se communiquèrent...

DOCUMENTS ET DISSERTATIONS

SUR

L'OCCASION PERDUE RECOUVERTE

EXTRAIT

Du *Carpenteriana, ou Recueil des pensées historiques,
critiques, morales, et de bons mots de M. Charpentier, de l'Académie françoise* (publié par Boscheron).
Paris, J. Fr. Morisset, 1724, in-8, p. 284.

M. Corneille l'aîné est auteur de la pièce intitulée : *L'Occasion perdue et recouvrée*. Cette pièce
étant parvenue jusqu'à M. le chancelier Séguier,
il envoya chercher M. Corneille et lui dit que
cette pièce ayant porté scandale dans le public et
lui ayant acquis la réputation d'un homme débauché, il falloit qu'il lui fît connoître que cela
n'étoit pas, en venant à confesse avec lui; il l'avertit du jour. M. Corneille ne pouvant refuser cette
satisfaction au chancelier, il fut à confesse avec
lui, au P. Paulin, petit père de Nazareth, en faveur
duquel M. Séguier s'est rendu fondateur du couvent de Nazareth. M. Corneille s'étant confessé au

révérend père d'avoir fait des vers lubriques, il lui
ordonna, par forme de pénitence, de traduire en
vers le premier livre de l'*Imitation de J. C.*; ce
qu'il fit. Ce premier livre fut trouvé si beau, que
M. Corneille m'a dit qu'il avoit été réimprimé jusqu'à trente-deux fois. La reine, après l'avoir lu, pria
M. Corneille de lui traduire le second; et nous devons à une grosse maladie dont il fut attaqué, la
traduction du troisième livre, qu'il fit après s'en
être heureusement tiré.

EXTRAIT

Des *Mémoires pour l'histoire des sciences et des beaux-
arts*. Trevoux, décemb. 1724, p. in-12, p. 2272 76.

Le *Carpenteriana*, en attaquant la mémoire du
grand Corneille, a réveillé le zèle et l'équité de
plusieurs personnes qui ne peuvent, sans horreur,
voir déchirer la réputation des morts, par des faits
dont il n'a été fait nulle mention pendant leur vie.
Voici un Mémoire qui vengera M. Corneille et sa-
tisfera les gens équitables; il vient d'un homme
de lettres fort estimé d'un grand prince.

Dans le *Carpenteriana*, il s'est glissé trois faussetés criantes, à l'article où il est parlé du grand
Corneille : 1° on lui attribue une pièce infâme,
intitulée : *l'Occasion perdue recouverte;* 2° on
prétend que le feu chancelier Séguier, après lui
avoir parlé très-fortement au sujet de cette pièce,
sans lui donner le temps de se reconnaître, l'a-

mena aux Petits-Pères et l'obligea de se confesser
à son confesseur (de lui, chancelier); 5° on veut
que ce confesseur lui ait imposé pour pénitence
de traduire l'*Imitation de Jésus-Christ* en vers.
Autant de mots, autant de faussetés : 1° *L'Occasion perdue recouverte* ne fut jamais du grand
Corneille : elle est d'un M. de Cantenac, poëte
de cour, dont les œuvres, qui font un petit in-12,
furent imprimées en 1661 et encore en 1665, chez
Théodore Girard, marchand libraire à la grand'-
salle du Palais; elles sont divisées en trois parties :
la première contient les Poésies nouvelles et galantes; la seconde, les Poésies morales et chrétiennes; la troisième, les Lettres choisies, galantes
du sieur de Cantenac. Cela faisoit un recueil assez
bizarre. C'est au bout des Poésies nouvelles et
galantes que se trouvoit cette scandaleuse pièce.
Dès qu'elle parut, M. le premier président de Lamoignon, bien averti, envoya quérir Théodore
Girard, et lui ordonna d'ôter cette pièce de tous
les exemplaires qui lui restoient, et par bonheur
il lui en restoit la plus grande partie. Il fut obéi.
Théodore Girard aima mieux mécontenter l'auteur
et les acheteurs que de s'exposer au juste ressentiment d'un premier président. Il échappa pourtant quelques exemplaires de cette pièce, qui ne
parurent qu'après la mort de ce grand magistrat.
Et c'est un de ces exemplaires, relié au bout de la
seconde édition, que Théodore Girard me vendit
comme une chose rare et précieuse. Dans cette
seconde édition, la pièce fut entièrement supprimée, sans qu'il restât même aucun vestige de la
suppression ou du retranchement. Au bas de la

dernière page de *l'Occasion perdue et recouverte*, on voit imprimé : *Fin des Poésies nouvelles et galantes du sieur de Cantenac*. Il est vrai que le nom n'est pas tout au long et qu'il n'y a que : *Fin des Poës. nouv. et gal. du Sr. de C.*, mais Théodore Girard, qui étoit de mes amis et nullement menteur, m'a plusieurs fois assuré que ce C. signifioit le sieur de Cantenac, et il n'est pas possible d'en douter. Il connoissoit bien l'auteur. Il dit, dans un Avertissement au lecteur, que l'auteur est son ami. L'auteur lui avoit cédé son privilége, et ainsi il est clair qu'il le connoissoit, et il n'avoit nul sujet de nommer le sieur de Cantenac pour un autre. Mais si, outre ce témoignage donné de vive voix par Théodore Girard, on veut une preuve par écrit, on trouvera dans *le Livre des libraires* le privilége pour les Œuvres du sieur de Cantenac, enregistré le 30 septembre 1661 par Dubray, syndic, et le nom du sieur de Cantenac s'y trouvera tout au long. J'ai voulu mettre ce fait hors de doute, et c'est pour cela que j'en ai rapporté jusqu'aux moindres circonstances. Puisqu'il est donc certain que ce n'est point M. de Corneille, mais M. de Cantenac qui est l'auteur de *l'Occasion perdue recouverte*, on voit ce qu'on a à en penser des deux autres points, qui ne peuvent être vrais, si le premier raconté dans le *Carpenteriana* est faux. Outre que ces deux points ont leurs marques de fausseté propres et indépendantes de celle du premier point, c'est avec plaisir que je fournis au public des armes contre les faux accusateurs du grand Corneille.

EXTRAIT

Des *Mélanges historiques et philologiques*. par M. Michaud, avocat au parlement de Dijon. Paris, N. Tilliard, 1754, 2 vol. in-12, tome Ier, p. 47-72.

LETTRE SUR LE VÉRITABLE AUTEUR DU POËME INTITULÉ
L'OCCASION PERDUE ET RECOUVRÉE.

Vous sçavés, Monsieur, que, dans le *Carpenteriana* (1), on attribuë à Pierre Corneille une pièce qui a pour titre : *L'Occasion perduë et recouvrée.*

« Cet ouvrage, dit-on, étant parvenu jusqu'à M. le chancelier Séguier, il envoya chercher M. Corneille, et l'avertit que ces vers ayant porté scandale dans le public, et lui ayant acquis la réputation d'un homme débauché, il falloit qu'il lui fît connoître que cela n'étoit pas, en venant à confesse avec lui : le jour fut indiqué. M. Corneille ne pouvant refuser cette satisfaction au chancelier, il fut à confesse avec lui au P. Paulin, petit-père de Nazareth, en faveur duquel M. Séguier s'est rendu fondateur du couvent de Nazareth. M. Corneille s'étant confessé au R. P. d'avoir fait des vers lubriques, il lui ordonna, par forme de pénitence, de traduire en vers le premier livre de l'*Imitation de Jésus-Christ*, ce qu'il fit. Ce premier livre fut trouvé si beau, que M. Corneille m'a dit qu'il avoit été réimprimé jusqu'à trente-deux fois (2). La

____

(1) Page 284.

(2) Un historien moderne prétend qu'il est aussi difficile de le croire, que de lire ce livre une seule fois. Voyez l'*Histoire du Siècle de Louis XIV*, t. II, chap. des Écrivains,

reine, après l'avoir lu, pria M. Corneille de
lui traduire le second, et nous devons à une
grosse maladie dont il fut attaqué la traduction
du troisième livre, qu'il fit après s'en être heureusement tiré. »

Cette anecdote étoit trop injurieuse à la mémoire
du grand Corneille; aussi, vit-on bientôt paroître
un petit Mémoire qui tend à détruire absolument
ce qu'on fait dire à Charpentier. L'anonyme qui
venge Corneille (1) de cette fausse imputation
nous apprend que l'*Occasion perduë-recouvrée*
est d'un certain *Cantenac,* poëte de cour, dont
les poësies furent imprimées en 1662 et 1665,
chez Théodore Girard (2), marchand libraire, au
Palais. Dès que cette pièce scandaleuse qui faisoit
partie des œuvres de Cantenac vit le jour, « M. le
président de Lamoignon envoya querir Théodore
Girard, et lui ordonna de l'ôter de tous les exemplaires qui lui restoient; et par bonheur, il lui en
restoit la plus grande partie. »

Il s'en échappa cependant quelques-uns, qui ne
parurent qu'après la mort de ce magistrat. Quant
à la seconde édition, cette pièce y fut omise entièrement.

art. *Corneille (Pierre).* On juge aujourd'hui des ouvrages,
d'une manière épigrammatique. Cette sorte de critique est
singulièrement remarquable dans la Méthode pour l'histoire, etc.

(1) Voy. les *Mémoires de Trevoux,* décembre 1724, p. 2272
et le P. Niceron, t. XV de ses *Mémoires,* p. 379.

(2) Le privilége est du 19 septembre 1661; il fut enregistré sur le Livre des libraires le 30 du même mois; l'ouvrage fut achevé d'imprimer le 16 novembre 1661. Le frontispice porte cependant 1662.

Ce qui peut avoir trompé quelques personnes au sujet de ce poëme, c'est qu'on lit à la fin ces mots : *Fin des poësies nouvelles et galantes du sieur de C.*, et qu'elles ont cru que cette lettre initiale signifioit Corneille: mais le nom de Cantenac, mis tout au long dans le privilége, suffiroit pour montrer qu'elles se trompent, quand on n'auroit pas le témoignage du libraire, qui a plusieurs fois assuré que l'ouvrage étoit du sieur de Cantenac.

Les œuvres de Cantenac parurent d'abord en 1662; elles sont divisées en trois parties : 1° les Poësies nouvelles et galantes; 2° les Poësies morales et chrétiennes; 3° les Lettres choisies et ga_ lantes (1). Ce fut à la fin de la première partie, après la 102ᵉ page, qu'on plaça *l'Occasion perduë-recouvrée*, poëme composé de 40 stances. C'est un cahier postiche de quatorze pages et dont les chiffres ne se rapportent point au corps du recueil; ce qui me fait croire que le libraire n'avoit pas inséré cette pièce dans tous les exemplaires, et qu'il ne la livroit qu'à ceux auxquels il croyoit pouvoir se fier. Ma conjecture est appuyée par un trait que rapporte le défenseur anonyme de Corneille. Il dit que le libraire Théodore Girard lui vendit un de ces exemplaires détachés, comme une chose rare et précieuse, et qu'il le fit relier à la fin de l'édition de 1665, où ces stances ont été entièrement retranchées, quoiqu'il y ait des augmentations considérables dans cette seconde édition.

Théodore Girard avoit bien senti que ce poëme

____

(1) Ce recueil forme un in-12 de 253 pages.

devoit révolter un grand nombre de lecteurs :
aussi, eut-il soin d'avertir (1) qu'on l'avoit
glissé malgré lui dans le recueil qu'il publioit;
mais qu'un galant homme, ami de l'auteur, s'en
étant rendu le maître, l'avoit forcé de le mettre
au jour, et que Cantenac, l'ayant autrefois composé
pour se venger d'une dame qui l'avoit désobligé.
ne trouveroit pas mauvais lui-même qu'on rendît
sa vengeance publique : Théodore Girard dit enfin
qu'il a jugé à propos de se justifier à cet égard
pour se mettre à couvert du blâme et prévenir
les reproches qu'on pourroit lui en faire un jour.

Voilà, Monsieur, une histoire détaillée dans
toutes ses circonstances, et qui paroît, je vous
l'avoue, assés vraisemblable au lecteur. Mais, après
tout, l'apologiste anonyme de Corneille pose un
fait que le lecteur peut encore révoquer en doute.
Je veux bien croire que c'est une personne digne
de foi, et même respectable dans la république
des lettres. Cependant n'est-on pas toujours en
droit de suspecter le témoignage d'un historien
caché, qui raconte un fait destitué de preuves et
d'autorités? D'ailleurs, on peut objecter que Charpentier n'est pas le seul qui ait pris Corneille pour
l'auteur de *l'Occasion perduë-recouvrée* (2), et
que plusieurs autres sçavans ont eu la même opinion. Je sçais que M. de la Monnoye, ce fin et ju-
dicieux critique, qui étoit le mieux au fait des
petites aventures du pays littéraire, écrivoit un

(1) Page 12 de son *Avis au lecteur*.
(2) Le compilateur des *Anecdotes littéraires* a 'copié le
passage du *Carpenteriana* (tome II, page 2), et donne aussi
a Corneille ce petit poëme.

jour à M. l'abbé Papillon (1) que l'auteur de cette
pièce étoit celui du *Cid*, des *Horaces*, de *Cinna*.
« Corneille eut beau tenir, dit-il, la chose secrette;
M. le chancelier Séguier, protecteur alors de l'Académie, ayant sçû de qui estoient ces stances peu
édifiantes, qui couroient partout, en fit une douce
réprimande au poëte, et lui dit qu'il le vouloit
mener à confesse. » Le reste du conte ressemble
parfaitement au passage tiré du *Carpenteriana*.
Ainsi, Monsieur, vous voyés que ce bruit avoit pris
un air de vérité parmi les beaux-esprits et les
sçavans. Mais examinons sur quel fondement cette
opinion a pu s'établir.

Quelque peu disposé que je sois à donner de
grands éloges au poëme de *l'Occasion perduë-recouvrée*, j'avoue cependant que cette pièce comporte du génie, du feu et de l'expression, et qu'on
y trouve quelques endroits assez bien tournés : il
n'en falloit pas moins pour que Corneille fût soupçonné d'en être l'auteur. En effet, tout le monde
sçait qu'après avoir été multipliée par les copies
manuscrites qu'on en tira, elle fut réimprimée
dans plusieurs recueils, mais toujours dans ces
ramas d'ouvrages proscrits qui sortent furtivement d'une presse inconnuë, et qui n'ont souvent
pour tout mérite que le papier et le caractère de
Pierre Marteau (2). Ces stances furent si généra-

(1) Le 6 octobre 1715, neuf ans avant l'impression du
Carpenteriana.
(2) *L'Occasion perduë-recouvrée* commence le recueil intitulé : *L'Élite des poésies héroïques et gaillardes de ce temps,
augmentées de nouveau*, in-12 de 94 pages, sans nom de ville
et d'imprimeur. Cette pièce se trouve aussi à la tête du *Re-

lement recherchées, je dirais presque si fort estimées, qu'on en fit plusieurs traductions en différentes langues. J'en ai vu une latine, et l'on m'a
assuré que le savant Paul Dumay s'était amusé à
à les tourner en bourguignon. Ajoutés encore
qu'elles furent mises en chanson, et acquirent par
ce moyen une plus grande publicité.

Ces stances ont donc été assés fameuses pour
être attribuées au grand Corneille : en effet, pou-
voit-on deviner que des vers dont on avoit été si
curieux, qu'on avoit lus et qu'on lisoit encore partout avec tant de plaisir, fussent d'un certain
Cantenac, poëte presque absolument inconnu? On
eut bien plus tôt fait de les mettre sur le compte
du meilleur poëte du siècle dans lequel elles
avoient été composées, tant on est porté à faire
valoir la poésie libertine ! Je m'imagine, mais je
ne sçais si on prendra ceci pour un paradoxe, que
le sujet de l'ouvrage en a fait toute la réputation,
et que les seuls traits lascifs de ce tableau l'ont
sauvé de l'oubli, où sont déjà tombés des ouvrages
sans doute beaucoup meilleurs. Quelques beautés,
quelques agrémens poëtiques qu'on suppose dans
cette pièce, il seroit ridicule d'avancer que la
fiction et les vers en font tout le mérite. Je suis
persuadé qu'il a paru dans le même temps des
petits poëmes aussi bien versifiés et d'une inven-
tion plus riche, dont la mémoire s'est néanmoins
totalement perduë. Allons donc plus loin, et cherchons la véritable raison pour laquelle *l'Occasion*

cueil des *pièces du temps, ou Divertissement curieux*. La
Haye, Jean Strik, 1685, in-12.

perduë-recouvrée fut si fort en vogue. Le dirai-je, Monsieur, une catastrophe, singulière en son espèce, embellie par les charmes d'une poésie licentieuse, c'en fut assez pour mettre ces vers à la mode, pour leur attirer des loüanges et leur mériter une curieuse attention de la part du public.

Combien voyons-nous encore aujourd'hui d'ouvrages qui ne réussissent que par les sujets libres qu'on y traite, les expressions lascives qu'on y emploie et les termes libertins dont on les remplit! Toutefois, le mauvais goût et la corruption du siècle ont mis en faveur ces fades et misérables historiettes où triomphe la plus grossière liberté, et quelquefois l'irréligion la plus marquée. Ce qui a fait peut-être aussi présumer que Corneille avoit composé ces stances, c'est l'art ingénieux et l'élévation de sentiment qu'on trouve dans les intrigues de ses poëmes dramatiques. La grande idée qu'on s'étoit formée de *l'Occasion perduë-recouvrée* a fait illusion et a fixé trop indiscrètement le soupçon sur le grand Corneille ; mais avec quelque noblesse et quelque art que Corneille ait traité l'amour, je ne vois pas qu'il soit jamais échapé à sa plume aucun ouvrage où règnent une liberté condamnable et un esprit de débauche. « Son tempérament, dit M. de Fontenelle (1), le portoit assés à l'amour, mais jamais au libertinage, et rarement aux grands attachemens. » D'ailleurs, lorsque ces stances parurent,

____

(1) Voyez l'*Histoire de l'Académie françoise*, par M. l'abbé d'Olivet, t. II, p. 255, édit. in-12.

Corneille avait cinquante-quatre ans et courait une carrière trop belle pour s'être oublié jusqu'au point de risquer sa réputation par des vers infâmes, dignes de l'horreur des honnêtes gens, et qui, selon moi, n'ont jamais mérité d'être si applaudis. Mais si Corneille est véritablement auteur de ces stances, pourquoi ne lui en a-t-on jamais fait de reproches? L'envie et la satyre l'eussent-elles épargné dans cette occasion? Il est bien étonnant que pendant sa vie on ait tenu un profond silence sur une production aussi scandaleuse, et qu'on n'ait fait cette fable qu'après sa mort. Un pareil fait, j'ose le dire, ne doit être cru que sur des preuves démonstratives; il devient même suspect et douteux, pour avoir seulement eu place dans ces mémoires hasardés qui portent le titre d'*Ana*.

Je ne m'arrêterai pas ici à réfuter sérieusement le sentiment de ceux qui prétendent que Corneille traduisit l'*Imitation de Jésus-Christ* pour effacer le scandale qu'il avoit donné par les stances de l'*Occasion perduë-recouvrée*. C'est un mensonge grossièrement inventé qui ne mérite pas qu'on emploie à le détruire une longue suite de raisonnemens. Personne n'ignore que l'*Imitation* traduite en vers françois parut plus de dix ans avant *l'Occasion perduë-recouvrée*, puisque Corneille publia le premier livre de ce bel ouvrage en 1651, et que les œuvres de Cantenac, avec les stances libertines, ne furent imprimées pour la première fois qu'en 1662. Il s'ensuivroit donc que la pénitence auroit précédé le péché, et que Corneille auroit donné des marques autentiques de

son repentir pour une faute qu'il ne devoit commettre que dix ans après.

D'ailleurs, un grand poëte de nos jours, le fils
du fameux Racine, m'apprend (1) le véritable
motif qui engagea Corneille à traduire l'*Imitation
de Jésus-Christ* :

Couronné par les mains d'Auguste et d'Émilie,
A côté d'Akempis Corneille s'humilie.

Rapportons ici la remarque que l'auteur a faite
sur ces deux vers. « Corneille, dit-il, paroît lui-
même avoir voulu s'humilier, puisqu'il dit au pape
dans son Épître dédicatoire : « La traduction que
« j'ai choisie, par la simplicité de son style, ferme
« la porte aux plus beaux ornemens de la poésie,
« et bien loin d'augmenter ma réputation, semble
« sacrifier à la gloire du souverain auteur tout ce
« que j'en ai pu acquérir en ce genre d'écrire. »
Corneille, comme vous voyez, Monsieur, dit expres-
sement qu'il a choisi sa matière, et non pas que
ce sujet lui a été, par un confesseur, imposé pour
la rémission d'un péché public : si ce travail fut
difficile et pénible, c'est le poëte lui-même qui
s'y condamna ; personne ne l'y avoit forcé : ses
propres termes marquent suffisamment la liberté
de son choix.

Cependant, si l'on prétend que Corneille a voulu,
par cette traduction, réparer les licences d'une
muse profane, sans lui supposer un ouvrage aussi
pernicieux qu'est *l'Occasion perduë-recouvrée*,

(1) Voyez sa *Réponse à l'épitre de Rousseau contre les es-
prits-forts*.

n'étoit-ce donc pas assés pour lui de réfléchir chrétiennement sur l'état brillant où il avoit mis le théâtre français, pour s'en faire un sujet de pénitence et s'imposer à lui-même le travail d'un ouvrage édifiant? N'a-t-il pu s'occuper des louanges de Dieu, qu'après avoir souillé sa lyre par des chansons criminelles? Allons par des voies plus simples, et n'attribuons qu'à la piété seule du grand Corneille ce qu'on prend pour un effet de son obéissance aux ordres d'un sage directeur pour l'expiation d'un scandale public. Des Marets, Thomas Ineslerus, Alexandre Sylvestre, du Quesnay de Bois-Guibert, et tant d'autres poëtes qui ont traduit l'*Imitation de Jésus-Christ* en vers et en différentes langues, étoient-ils des pécheurs scandaleux, et les a-t-on soupçonnés d'avoir composé les pièces libertines qui, de leur temps, avoient paru sans nom d'auteur? C'est donc un conte assés mal inventé, que tout ce qu'on a dit de Corneille par rapport à *l'Occasion perduë-recouvrée*, et il paroît certain au contraire que Cantenac est auteur de cette pièce. J'espère que quelques nouvelles réflexions que je vais faire à ce sujet achèveront de vous convaincre de cette vérité :

1° Je me crois en état de prouver que Cantenac étoit un poëte qui ne manquoit pas tout à fait d'imagination, et qui quelquefois même tournoit assés bien un vers. Il n'est donc pas impossible qu'il soit l'auteur des stances qui se trouvent dans le recueil de ses poësies.

2° On reconnoît dans les œuvres de Cantenac un poëte libertin, toujours échauffé des feux de l'amour : par conséquent, il est plus juste de lui attribuer le poëme de *l'Occasion perduë-recouvrée*, qu'il a avoué, en quelque sorte, en permettant qu'on le joignît à ses autres ouvrages, qu'au grand Corneille, à qui, comme on l'a déjà remarqué, on n'a osé prêter cette production licentieuse qu'après sa mort, et encore dans un *Ana*.

Cantenac florissoit dans un temps où les portraits étoient fort à la mode (1). Il eut bientôt le pinceau à la main. Ramassons ici quelques traits du tableau qu'il a tracé lui-même de ses mœurs, de son esprit, de son goût, etc. Je pense que vous y reconnoîtrés sans peine l'auteur de *l'Occasion perduë-recouvrée*; du moins, je m'assure bien que sa naïveté ne vous déplaira pas. Comme ce poëte est un auteur assez obscur, j'entrerai aussi dans un détail un peu étendu touchant sa personne.

« Je suis, dit-il (2), d'une taille fort médiocre, et il est assés rare de voir des hommes plus petits que moi. J'ai cela de commun avec les nains, que si l'on ne voyoit que ma tête, l'on me jugeroit un fort grand homme. J'ai le visage assez plein, mais un peu ovale; les yeux bruns et assez grands : ils ne manquent pas de feu et parlent souvent plus que je ne voudrois. Mon nez n'est ni grand, ni petit; ma bouche est petite, et mes lèvres sont assés vermeilles. J'ai la voix mauvaise et discordante. Je ne manque point de disposition pour les

(1) Charles de Sercy et Claude Barbin en imprimèrent un gros recueil en 2 vol. in-8, *Paris*, 1669.

(2) Page 556 et suiv. Je me servirai toujours ici de la première édition de ses Œuvres.

exercices du corps. Je suis d'une constitution si
robuste, que je ne me souviens pas d'avoir été
malade, sinon de quelques accidens. Les voyages
que j'ai faits depuis quatorze ou quinze ans, et les
fatigues que j'ai souffertes, ont peut-être contribué
à me faire bien porter. Je m'afflige souvent sans
raison, et je suis ingénieux à me tourmenter moi-
même. Je suis impatient, colère et vindicatif, et je
me choque souvent des moindres choses. Je suis
un peu pointilleux; je ne sçais si c'est le vice de
ma nation ou le mien en particulier. Au reste, si
j'étois capable d'une lâcheté, je ne paroîtrois plus
dans le monde. L'intérêt de la fortune, qui est
fort puissant en moi, ne le seroit pas assés pour
me faire commettre une bassesse; il est constant
que je suis ambitieux autant qu'on le peut être,
mais je ne sacrifierai jamais mon honneur à mon
ambition, parce que j'aime encore plus la gloire
que les grandeurs, et que je ne considère les grandeurs que comme des moyens de parvenir à la
gloire. Je suis si sensible au mépris, que j'ai une
haine mortelle et implacable pour tous ceux qui
semblent me mépriser, sans qu'il me soit possible
de me réconcilier avec eux. Je n'épargne ni mes
soins ni ma peine pour les personnes que j'aime;
je les servirois de mon bien et de ma vie, et il
n'est point d'ami plus ardent que moi. Je mens
quelquefois, mais c'est en des choses qui n'inté-
ressent personne : je le fais surtout en matière
de galanterie, où je confirme volontiers des faussetés par des sermens, sans songer à ce que je
fais, parce que je jure par habitude. Je suis fort
soigneux d'acquérir l'estime du monde. L'on m'a

dit que d'abord je plaisois assés, que je paroissois avoir l'esprit brillant et une certaine façon de tourner les choses qui ne déplaît pas. Je suis assés agréable dans la conversation, et j'y fournis facilement ; mais je m'y rends quelquefois incommode, et je soutiens des choses contre la raison, pour faire paroître un peu d'esprit ; je me sers pour cela d'équivoques et de subterfuges qui sentent l'école ; je parle même trop longtemps ; et comme j'ai un peu de lecture et beaucoup de mémoire, je m'attache trop à faire voir ce que je sçais : c'est sans doute une faute de mon jugement, qui n'est pas si solide que mon esprit est vif. Je suis d'un tempérament mélancolique ; mais cette humeur sombre s'est fort augmentée par quelques malheurs de ma vie. J'aime les lettres ; mais j'aime encore plus les armes. J'écris fort intelligiblement, et parle assés bien, pour être d'un pays où l'on parle toujours mal. Je fais passablement des vers, et l'on trouve qu'ils ont plus d'esprit que ma prose ; si cela est, j'en ai l'obligation au beau sexe, car j'avoue ingénument que si je n'eusse jamais vû de femmes, je ne fusse jamais devenu poëte ; mais l'envie de leur plaire m'a fait servir d'un langage que je juge le plus propre à persuader, quoiqu'au fond il m'ait été assés inutile. Je respecte toutes les femmes en général, et j'ai pour elles une amitié beaucoup plus tendre que pour les hommes ; plût à Dieu que je n'eusse rien davantage ! Je ne me reprocherois pas beaucoup de désirs illégitimes, où mon tempérament me porta. Au fond, quoique j'aye l'esprit fort tourné à la galanterie, je n'aime pas à en dire in-

différemment, et il faut qu'une femme ait du mérite ou de la beauté, lorsque je lui en conte. Je ne me pique point d'avoir fait des conquêtes, mais je puis me vanter d'avoir acquis l'estime de quelques personnes bien faites. Ce bonheur m'est arrivé par beaucoup de soins et de patience, car je suis de ceux qui en amour souffriroient un an entier, pour goûter le bien d'un seul jour. » Ajoutons encore à ce portrait l'éloge que Théodore Girard fait de Cantenac. Voici ses propres termes :
« Ce que l'auteur dit est l'image de ce qu'il est.
« Comme il brille dans la conversation, et qu'il la
« soutient admirablement, on voit un beau feu ré-
« pandu dans tous ses écrits, une façon de dire les
« choses aisée, galante et tout à fait heureuse, et
« généralement un caractère d'esprit qui lui est
« particulier (1). »

Mais cherchons la vérité de cet éloge dans le détail de quelques endroits des poésies de Cantenac. Il semble d'abord que l'auteur étoit ennemi déclaré des nœuds de l'hymen, et qu'il s'étudioit à inspirer ses sentimens aux autres (2) :

Le chemin de l'Hymen, où l'on voit quelques roses.
    A bien de l'embarras;
L'on s'y lasse bientôt, et l'on y voit des choses
    Que l'on n'attendoit pas.
Vous gémirés, Iris, et vos beaux yeux en larmes
    Se plaindront du passé;
Vous dirés à vous-même : « Étoient-ce là les charmes
    A quoi j'avois pensé? »
Vous étiés respectée, on vous traitoit de reine,

(1) Voyez la page 7 et suiv. de l'*Avis au lecteur*.
(2) Page 14.

> Avant ce nœud fatal,
> Et vous serés soumise à la pesante chaîne
> De quelque époux brutal.

Au reste, les ouvrages de Cantenac n'ont pas été si généralement inconnus, que les faiseurs de recueils poétiques n'en aient sçu profiter. Vous trouverés une de ses idylles parmi les élégies attribuées à madame de la Suze; elle commence ainsi :

> Cruel persécuteur de la terre et des cieux,
> Qui parois aux mortels le plus méchant des dieux.
> Amour !

Voulez-vous un échantillon de sa poésie morale et chrétienne ?

> C'est un ordre commun qu'a prescrit la Nature,
>   Et qu'on n'évite pas;
> La vie a ses degrés, et pour la sépulture
>   On ne fait qu'un seul pas.
> Des cèdres orgueilleux les feuillages superbes
>   Se forment lentement;
> Mais, pour les voir tomber aussi bas que les herbes,
>   Il ne faut u'un moment.
> Des plus riches palais les plus rares structures
>   Coûtent beaucoup de temps;
> Mais tel qui les admire en peut voir les masures
>   Après quelques instants.

Il a aussi composé une élégie sacrée, où l'on voit d'assés belles tirades, quoique peut-être trop pompeuses pour ce genre de poëme :

> Ce Dieu, dont la puissance a formé dans le monde
> La profondeur des cieux et les gouffres de l'onde.

Éclaire mon esprit et lui fait concevoir
Que tout se doit soumettre à son divin pouvoir.
Par lui l'astre du jour, dans sa vaste carrière.
Donne la vie au monde et porte la lumière :
C'est son bras tout-puissant qui fait mouvoir les cieux;
Qui retient de la mer les torrens furieux;
Qui forme, quand il veut, ses foudres dans la nuë.
Et qui tient sur les airs la foudre suspenduë.

Je finis par quelques vers qui ne vous déplairont peut-être pas.

Qui dit homme, Lysis, ne dit qu'un peu de poudre
Qui dure peu de jours, et que le moindre vent
Dissipe et fait tomber dans son premier néant.
Un enfant au berceau peut perdre la lumière;
Peut-être que cette heure est votre heure dernière;
Et vous voulés remettre un bien si précieux,
Par qui vous obtiendrés la conquête des cieux?
Le monde passe vite, et son plaisir funeste
N'est que l'avant-coureur d'un chagrin qui nous reste;
Ce n'est qu'une ombre vaine, et nous perdons souvent
Des trésors infinis pour de l'air et du vent.
Allons, mon cher Lysis, allons nous rendre dignes
De ces biens éternels, de ces faveurs insignes :
Au pied des saints autels soupirant nuit et jour,
Méprisons les mondains, la fortune et l'amour.

Ne vous semble-t-il pas, Monsieur, que le poëte est plutôt ici plagiaire qu'imitateur des beaux endroits du *Polyeucte* de Corneille, tragédie qui avait été mise au théâtre (1) et imprimée plusieurs années avant la première édition des œuvres de Cantenac?

Vous me dispenserés sans doute. Monsieur,

(1) En 1643.

d'extraire des poësies de Cantenac les passages obscènes qui décident de son libertinage : on en trouve un très-grand nombre. L'amour l'avoit occupé presque pendant toute sa vie : il assure dans une de ses lettres (1) qu'il n'a que trop éprouvé les funestes engagemens de cette passion; qu'il a toujours vécu dans les chaînes de l'amour, et que s'il a joui de quelque liberté, ç'a été seulement comme ces mal-heureux qui changent quelquefois de prison. Il porte la sincérité jusqu'à s'accuser, en quelque manière, de manquer à ses devoirs de chrétien: « Je ne parle point, dit-il, de ma religion, parce qu'il est à présumer que tous les hommes en doivent avoir : je dirai pourtant que je ne suis ni bigot, ni hypocrite, et que si je n'ai pas toute la dévotion qu'un bon chrétien doit avoir, j'en ai du moins plus que je n'en fais paroître (2). »

Les vers que j'ai tirés au hasard des œuvres de Cantenac peuvent donner, si je ne me trompe, une assés juste idée de sa versification, et l'on doit reconnaître, à ces seuls traits, que *l'Occasion perduë-recouvrée* n'a jamais été au-dessus de ses forces et de son génie : d'ailleurs, je ne nie pas que cet ouvrage ne soit son chef-d'œuvre. Mais ce qui prouve encore qu'il est véritablement de Cantenac, c'est que ce poëte, dans presque toutes ses pièces, prend le nom de Lisandre, qui est précisément celui du héros des stances. Enfin, toutes ces conjectures réunies forment, à ce qu'il me semble, des preuves qui suffisent pour justifier le

(1) Voyez page 248.
(2) Voyez page 243.

grand Corneille de l'accusation intentée contre lui
et pour détromper tous ceux qui étoient dans ce
faux préjugé. J'ai cru que, pour découvrir le véritable auteur de cette pièce lubrique, il ne falloit
que bien faire connoître Cantenac : il me reste à
apprendre de vous, Monsieur, si j'y ai réussi.

———

LETTRE A M. J. G.

Dans laquelle on essaye de prouver que l'Occasion
perdue recouverte *est de Pierre Corneille.*

Puisque vous vous proposez de réimprimer, à
la demande de quelques amis des lettres, un petit
poëme célèbre, que peu de personnes connaissent
et qui est pourtant cité souvent dans l'histoire
littéraire du grand Corneille, je vais vous indiquer
l'existence du texte original, qui a paru antérieu-
rement à l'édition des *Poésies nouvelles et autres
œuvres galantes* du sieur de Cantenac, auquel la
pièce est attribuée généralement, depuis que les
Mémoires de Trévoux ont donné à cette attribution une apparence de probabilité.

Il suffirait, ce me semble, pour détruire entièrement cette fausse attribution, de démontrer
que le sieur de Cantenac était tout à fait incapa-
ble de composer un ouvrage qui a eu l'honneur
d'être attribué, avec plus de raison, à Pierre Corneille. Déclarons d'abord, malgré les éloges accor-
dés un peu trop généreusement par Michault, de
Dijon, à ce poëte de second ordre, que, si son re-

cueil renferme des pièces aussi libres que *l'Occasion perdue recouverte*, il n'en est pas une qui puisse être comparée, même de loin, à ce poëme vraiment remarquable, sous le rapport du style et de la forme poétique. Michault avoue que « cette pièce comporte du génie, du feu et de l'expression, » c'est-à-dire tout ce qu'on chercherait en vain dans les poésies du sieur de Cantenac.

Mais nous n'avons pas à nous étendre ici sur le mérite intrinsèque d'une pièce, malheureusement licencieuse, qui, par cela seul, ne figurera jamais dans les œuvres de Pierre Corneille et qui restera presque cachée entre les mains d'un petit nombre de curieux. Je vais seulement essayer de prouver que *l'Occasion perdue recouverte* n'est pas de Cantenac, et que Pierre Corneille en est très-probablement l'auteur, suivant le récit du *Carpenteriana*.

Nous regrettons que M. J. Taschereau, dans son *Histoire de la vie et des ouvrages de P. Corneille* (Paris, P. Jannet, 1855, in-12), n'ait fait qu'analyser la dissertation de Michault sur *l'Occasion perdue recouverte :* en étudiant la question lui-même, et en y appliquant l'esprit de critique qui distingue ses travaux de littérature, il serait arrivé, nous n'en doutons pas, aux conclusions que nous allons soumettre à son jugement éclairé et consciencieux.

Le *Carpenteriana*, publié en 1724 par Boscheron, d'après les manuscrits de François Charpentier, de l'Académie française, mort en 1702, a été certainement modifié d'une manière fâcheuse dans le passage qui concerne *l'Occasion perdue recouverte;* car ce passage était beaucoup plus explicite et renfermait aussi quelques indications précieuses que l'éditeur a retranchées par mégarde en donnant la copie à l'impression. Le savant La Monnoye, qui avait eu sous les yeux les manuscrits originaux neuf ans au moins avant leur publication, nous en a conservé un extrait plus exact dans ses notes sur les *Jugements des Savants*, d'Adrien Baillet, t. IV de l'édition de 1725, p. 506.

« Corneille, dit-il, ne se porta pas de lui-même à entreprendre la paraphrase en vers françois des trois livres de l'*Imitation*. Voici l'occasion qui l'y engagea, telle que je l'ai lue dans un manuscrit qui a pour titre *Carpenteriana*, dont on m'a dit que les articles avoient été dressés par feu M. Charpentier, mort doyen de l'Académie françoise. Il y est rapporté que Corneille, ayant, dans sa première jeunesse, fait une pièce un peu licencieuse intitulée *l'Occasion perdue recouvrée*, l'avoit toujours tenue fort secrète, mais qu'en 1650, plus ou moins, diverses copies en ayant couru, M. le chancelier Séguier, protecteur alors de l'Académie, surpris d'apprendre que ces stances peu édifiantes, dont la première commence :

Un jour le malheureux Lysandre,

étoient de Corneille, le manda, et, après lui avoir fait une douce réprimande, lui dit qu'il le vouloit mener à confesse; que, l'ayant mené de ce pas au P. Paulin, tierçaire du couvent de Nazareth, le confesseur ordonna, par forme de pénitence, à

Corneille de mettre en vers françois le premier
livre de l'*Imitation*. Ce premier livre étant achevé,
la reine Anne d'Autriche, à qui le poëte le pré-
senta, en fut si contente l'ayant lu, qu'elle lui
demanda le second; ensuite de quoi, dans une
dangereuse maladie qu'il eut quelque temps
après, il promit le reste et le donna. »

Ces détails et ces dates répondent à toutes les
objections qu'on a faites contre l'authenticité de l'a-
necdote; il résulte donc, du véritable texte des manuscrits de Charpentier, recueilli et conservé par
La Monnoye, que Corneille avait fait, *dans sa première jeunesse*, la pièce intitulée : *l'Occasion perdue recouvrée ;* qu'il l'avait toujours tenue *fort
secrète*, mais que des copies en avaient couru en
1650, *plus ou moins*. Ce fut, en effet, vers la fin
de 1650, que Corneille commença la traduction
de l'*Imitation*, en sorte que le premier livre de
cette traduction parut en 1651.

L'abbé Goujet, qui, dans sa *Bibliothèque françoise* (t. XVIII, p. 147), s'est inscrit en faux contre
le récit du *Carpenteriana*, avait donc bien mal lu
la note de La Monnoie, lorsqu'il croit y faire une
objection sérieuse en disant : « Premièrement, ce
petit poëme (*l'Occasion perdue recouverte*) ne fut
imprimé pour la première fois qu'en 1662, et,
comme je viens de l'observer, le premier livre de
l'*Imitation*, traduit par Corneille, étoit publié
dès 1651. Il s'ensuivroit donc que la pénitence
auroit précédé le péché et que Corneille se seroit
repenti d'une faute qu'il ne devoit commettre que
plus de dix ans après. En second lieu, je prouverai
ailleurs que *l'Occasion perdue et recouvrée* n'est

point de Corneille, mais du sieur de Cantenac. »
L'abbé Goujet n'ayant pas publié le XIXe volume
de sa *Bibliothèque françoise,* qui eût contenu
l'article de Cantenac, nous sommes encore à sa-
voir comment il eût prouvé que *l'Occasion perdue
recouverte* n'était pas de Corneille.

On découvrira sans doute une impression de
cette pièce, remontant à l'époque où les copies
manuscrites commencèrent à courir, car *l'Occasion perdue recouverte* eut trop de succès pour
que les presses clandestines ne l'aient pas repro-
duite en feuille volante et peut-être avec les ini-
tiales du nom de l'auteur. « Tout le monde sait,
dit Michault, de Dijon, dans ses *Mélanges historiques et philologiques* (p. 54 du t. Ier), qu'après
avoir été multipliée par les copies manuscrites
qu'on en tira, elle fut réimprimée dans plusieurs
recueils, mais toujours dans ce ramas d'ouvrages
proscrits qui sortent furtivement d'une presse in-
connue et qui n'ont souvent pour tout mérite que
le papier et les caractères de Pierre Marteau. »
Puis, Michault cite différents recueils, postérieurs
à l'année 1670, dans lesquels la pièce se trouve
imprimée.

« Ces stances, ajoute Michault, furent si généralement recherchées, je dirais presque si fort
estimées, qu'on en fit plusieurs traductions en
différentes langues; j'en ai vu une latine, et l'on
m'a assuré que le savant Paul Dumay s'était
amusé à les tourner en bourguignon. Ajoutez
encore qu'elles furent mises en chanson et acquirent par ce moyen une plus grande célébrité. »
Nous n'avons pas été assez heureux pour découvrir

ces traductions en différentes langues que nous
signalait Michault, de Dijon. Mais nous avons fait
d'autres découvertes plus intéressantes qui peuvent servir à constater que, pendant plus de dix-
sept ans, de 1654 à 1670, tous les poëtes s'inspi-
rèrent de *l'Occasion perdue recouverte*, pour
s'essayer sur un sujet doublement scabreux (l'*Impuissance* et la *Jouissance*) que le poëme attribué
à P. Corneille avait mis à la mode.

Commençons par citer La Fontaine en tête des
poëtes contemporains qui eurent en vue de faire
allusion à *l'Occasion perdue recouverte*, sinon de
l'imiter servilement. La Fontaine, qui dans sa jeunesse était à l'affût de tous les ouvrages de galanterie en prose ou en vers, eut certainement con-
naissance de la pièce de Corneille, lorsqu'il n'avait
pas encore quitté la ville de Château-Thierry et que
ses premières amours donnaient naissance à ses
premières rimes. Dans une élégie à l'Amour, il se
plaint des mécomptes que ce dieu ne lui avait pas
épargnés; il avoue que ses maîtresses n'eurent pas
trop à se louer de ses préludes amoureux :

Cloris vint une nuit; je crus qu'elle avoit peur...
Innocent! Ah! pourquoi hâtoit-on mon bonheur?
Cloris se pressa trop...

Ce n'était pas la Cloris de *l'Occasion perdue*;
mais, s'il prit sa revanche avec cette autre Cloris,
il ne nous le dit pas, et il confesse n'avoir pas été
plus heureux avec Phyllis :

On la nomme Phyllis; elle est un peu légère :
Son cœur est soupçonné d'avoir plus d'un vainqueur,

Mais son visage fait qu'on pardonne à son cœur.
Nous nous trouvâmes seuls ; la pudeur et la crainte
De roses et de lis à l'envi l'avoient peinte.
Je triomphai des lis et du cœur dès l'abord ;
Le reste ne tenoit qu'à quelque rose encor.
Sur le point que j'allois surmonter cette honte,
On me vint interrompre au plus beau de mon conte :
Iris entre ; et depuis je n'ai pu retrouver
L'occasion d'un bien tout près de m'arriver.

Ces deux derniers vers rappellent, on ne saurait
en douter, les stances attribuées à P. Corneille,
et l'élégie d'où ces vers sont tirés est très-certainement d'une date antérieure à 1654.

Dans le *Nouveau recueil des plus belles poësies*
(Paris, vefve G. Loyson, 1654, in-12), on trouve, à
la page 119, *l'Occasion perdue, stances à Cloris.*
Ces stances, signées D. M., c'est-à-dire *de Morangle*, suivant la table des noms d'auteurs, offrent la
même scène que celle qui forme la première partie de *l'Occasion perdue recouverte;* dans les deux
pièces, l'héroïne se nomme *Cloris*, mais Lisandre
n'est nommé que dans la seconde, et le héros de
l'Occasion perdue garde l'anonyme. Il est certain
que cette pièce, dans laquelle il y a de la verve,
de l'énergie et du feu, avec beaucoup de mauvais
goût et d'incorrection, a été composée à l'imitation des stances qui couraient alors sous ce titre :
l'Occasion perdue recouverte.

Le poëte D. M. ou de Morangle s'était borné à
chanter *l'Occasion perdue;* un autre poëte anonyme, dont la pièce n'est pas indiquée dans la
table du volume, quoiqu'elle remplisse les pages
399-404, avait également traité le sujet à la mode,

dans une longue élégie, qu'il intitule *Impuissance;*
mais les acteurs, qui ne pouvaient pas être
Cloris et Lisandre, n'y sont pas nommés. En effet,
la pièce est de Mathurin Régnier : elle avait paru,
pour la première fois, dans l'édition de ses œuvres, publiée en 1613, après sa mort; elle avait
reparu, revue et corrigée, dans l'édition de 1642.
On doutait pourtant qu'elle fût réellement de lui.
Voilà pourquoi G. Loyson l'avait admise dans son
Nouveau recueil des plus belles poësies, comme
s'il eût voulu la rapprocher de *l'Occasion perdue,*
qui en est une imitation. Le Recueil où sont ren-
fermées ces deux pièces est dédié à la comtesse de
La Suze, par l'éditeur G. Loyson, qui met « les ouvrages des plus beaux esprits de ce temps sous la
protection du plus rare génie de notre siècle. »
Le privilége du roi porte la date du 1er décembre 1653.

Dans les *Poésies choisies de messieurs Corneille,
Bensserade, de Scudery, Boisrobert, etc., et de
plusieurs autres célèbres autheurs de ce temps*
(Paris, Charles de Sercy, 1655, in-8, page 30 de la
1re partie), Benserade fit insérer des stances, in-
titulées : *Jouissance,* dans lesquelles il gourmande
l'indiscrétion des poëtes qui révèlent leurs bonnes
fortunes. Il ne se fait pas faute cependant de
célébrer sa victoire, mais il ne nomme personne.

En 1659, le poëte Duteil, un des rivaux de
Pierre Corneille comme auteur de *la Juste vengeance,* tragédie jouée en 1641, semble vouloir
rivaliser encore avec le chantre de *l'Occasion perdue recouverte,* en décrivant à sa façon la même

scène dans des stances qui portent le titre de
Jouissance, et qui ne sont pas une des plus mau-
vaises pièces de son *Nouveau recueil de diverses
poésies* (Paris, J. B. Loyson, 1659, in-12).

En 1661, le sieur de Lamathe, qui avait fait
imprimer trois ans auparavant le *Nouveau cabinet
des Muses ou l'eslite des plus belles pièces poësies
de ce temps* (Paris, veuve Edme Pepingué, 1658,
in-12), eut l'idée de rajeunir ce Recueil en y ajou-
tant quelques poésies nouvelles, qui formèrent une
seconde partie en un cahier séparé, sign. *A.-uiiij*
(avec des lacunes très-significatives dans les signatures). Cette seconde partie, dont le titre
courant est *Cabinet des Muses*, mais qui n'a pas
de titre spécial, se trouve placée immédiatement
après le privilége du roi. Elle commence par *l'Occasion perdue recouverte*, dont nous voyons paraître pour la première fois le texte original. On
est étonné de trouver, à la suite de ce poëme li-
cencieux, des vers pour le roi, en l'honneur de la
paix et de son mariage, des anagrammes sur le
nom de Marie-Thérèse d'Autriche, et d'autres pièces aussi officielles. Il est clair que l'éditeur a
voulu ainsi se faire pardonner la publication de
l'Occasion perdue recouverte qui devait donner
du succès à son Recueil. Les fleurons et surtout
celui de la Sirène, imité des éditions elzévirien-
nes, nous permettent de croire que le livre a été
imprimé à Rouen. Nous ne devons pas oublier de
dire que, parmi les pièces dont la réunion com-
pose le cahier supplémentaire du Recueil de 1658,
on remarque une plate élégie sur les amours de
Lisandre et de Florice, laquelle a été réintégrée

depuis dans les *Poésies nouvelles et autres œuvres galantes* du sieur de Cantenac.

Voilà donc enfin le texte de *l'Occasion perdue recouverte*, et aussitôt divers recueils s'empressent de s'en emparer en y faisant des suppressions et des changements plus ou moins considérables. Le premier qui osa reproduire le texte original publié par de Lamathe, c'est l'éditeur inconnu d'un volume intitulé : *les Plaisirs de la poésie galante gaillarde et amoureuse*. Ce recueil nous est arrivé sans date, sans nom d'imprimeur ou de libraire, et sans privilége du roi, avec un simple frontispice gravé; mais on peut assurer qu'il a été imprimé à Rouen et qu'il ne peut être postérieur au mois de septembre 1661, car, à cette époque. le surintendant des finances venait d'être arrêté, et le volume renferme des pièces élogieuses, en tête desquelles Fouquet est nommé avec ses titres et qualités. L'ensemble de ce volume indique assez qu'il a subi des remaniements d'impression, avant de voir le jour et de pouvoir circuler sous le manteau. A la page 279, nous retrouvons *l'Occasion perdue recouverte* sous ce nouveau titre : *L'Impuissance et la Jouissance, stances.*

On imprimait alors à Paris les *Poésies nouvelles et autres œuvres galantes du sieur de C...* L'impression fut achevée le samedi 26 novembre 1661, et l'auteur céda et transporta son privilége à Théodore Girard, marchand libraire, qui mit en vente le volume avec la date de 1662. Il faut entrer dans quelques détails sur ce volume de onze feuillets liminaires, y compris le frontispice gravé par Sphirinx, 253 pages, et un feuillet pour

la fin du privilége. L'Avis au lecteur présente
le livre comme publié à l'insu de l'auteur, par
le fait d'un ami qui avait eu entre les mains le
manuscrit. Cet ami nous apprend que l'auteur,
absent pour quelques jours, a désavoué ses vers
« comme des enfants qui faisoient rougir leur
père, » en renonçant à Clorice, à Climène et aux
idoles de sa jeunesse libertine, pour se vouer à
Dieu seul. Le recueil se termine par une lettre
que l'auteur avait adressée à son ami pendant
l'impression du volume, et cette lettre, qui ressemble à un sermon ou à une homélie, annonce
que le sieur de C... se prépare à embrasser l'état
ecclésiastique. En effet, quarante ans plus tard,
on vit paraître les *Satyres nouvelles de M. Be-
nech de Cantenac*, chanoine de l'église métropoli-
taine et paroissiale de Bordeaux, avec d'autres
pièces du même auteur (Amsterdam, veuve
Chayer, sans date, in-8°). L'auteur des Satyres est
très-certainement l'auteur des *Poésies nouvelles
et autres œuvres*, car le sieur de C... était déjà
fixé à Bordeaux en 1661, puisqu'il a publié à la
page 94 de ce recueil une *Response au remercie-
ment que M. D..., conseiller au parlement de
Bordeaux, fit d'un livre intitulé : Pancirole
commenté par Salmuth, que l'Autheur lui avoit
presté*. Le sieur de Cantenac habitait donc Bordeaux, mais il avait été à Rennes, comme on
le voit par ses curieuses stances sur le Cours de
Rennes. Dans les *Poésies nouvelles et autres œuvres
galantes* du sieur de C..., ou du moins dans un
petit nombre d'exemplaires de l'édition de 1662,
l'Occasion perdue recouverte, « revue, corrigée et

augmentée par l'authcur » se trouve entre les pages 102 et 103, en un cahier de 14 pages et un feuillet blanc, portant pour titre courant : *Poësies nouvelles et galantes*, et au bas de la page 14 : *Fin des Poësies nouvelles et galantes du sieur de C...* L'impression de ce cahier est identique à celle du volume, et les fleurons y sont les mêmes. Ici commencent l'incertitude et la controverse.

« J'ay séparé la prose d'avec les vers, dit l'ami dans l'Avis au lecteur, et comme toutes les pièces qui entrent dans le corps de l'ouvrage se peuvent réduire, ou aux pièces amoureuses galantes qu'il a escrites, ou aux pièces morales et chrestiennes qu'il a faites, ou bien aux lettres qu'il a adressées à quelques personnes particulières, c'est la raison par laquelle je l'ai divisé en trois parties. » Il y a donc trois parties seulement dans le recueil, mais l'imprimeur a fait entrer dans la table des pièces *l'Occasion perdue recouverte*, comme existant à la page 103, quoique ce soient les poésies morales et chrétiennes qui commencent à cette page-là. Les signatures Eiij et Eiiij aux pages 101 et 103 prouvent que l'impression du volume n'a subi d'ailleurs aucun remaniement. Quant au cahier intercalaire, il est signé d'une étoile.

Un passage très-important de la préface semble avoir été mal compris par Michault, qui en tire des inductions bien différentes de celles que nous croyons y découvrir. « Parmy toutes les pièces qui entrent dans ce recueil, dit l'ami de l'auteur, dans lequel nous avons de la peine à voir le libraire Théodore Girard, on y en a fait glisser une en depit de moy, qui auroit esté supprimée ou pour le

moins qui n'auroit point veu le grand jour, si j'en
avois esté creu; mais ma résistance a esté inutile,
et quelque raison que j'aye eu pour destourner le
coup, il a fallu se rendre et céder à la force. Un
galant homme, qui a un empire absolu sur l'esprit
de l'autheur et que l'autheur considère à l'égal de
luy-mesme, l'obligea autrefois de la composer
contre une dame, de qui il s'estoit creu desobligé,
afin de satisfaire son ressentiment, et m'a con-
traint, pour rendre sa vengeance plus authentique
et couronner son ressentiment, de souffrir qu'elle
fust jointe aux autres de ce livre. Il a creu que
l'ascendant qu'il s'estoit acquis sur l'autheur luy
donnoit le droit sur son ouvrage, et qu'estant l'ar-
bitre absolu de ses pensées, il pouvoit décider sou-
verainement de ses escrits. Je sçay l'estime parti-
culière que l'autheur a pour le mérite de ce person-
nage, qui est, à cela près, le plus honnête homme
du monde, et la déférence aveugle qu'il a pour tous
ses sentimens. Pour te dire franchement le mien,
je ne sçaurois louer cette pratique ni en approu-
ver l'usage. J'ay jugé à propos de m'en justifier,
pour me mettre à couvert du blasme qu'on m'en
pourroit donner quelque jour, et, pour prévenir
les reproches qu'on m'en pourroit faire, j'ay creu
me devoir cette satisfaction. »

Ce passage semble à première vue se rapporter
à *l'Occasion perdue recouverte*, mais il nous paraît
plus logiquement faire allusion à une autre pièce
du recueil, car nous ne voyons pas trop comment
l'Occasion pourrait avoir été composée *contre* une
dame. Il s'agit, en effet, dans ce poëme, d'un amant
qui se trouve impuissant à la première rencontre

et qui prend ensuite largement sa revanche. Est-ce l'amant *Lisandre,* est-ce le mari, *Dorimant,* qui aurait raconté cette histoire pour *satisfaire son ressentiment?* Je ne pense pas que *l'Occasion perdue recouverte* soit la pièce que l'ami de l'auteur avait voulu retrancher, mais bien une très-vive et très-amère satire *contre Amaranthe* (nommée Caliste dans la pièce, page 21), qui s'était mariée à un riche vieillard en délaissant son jeune amant. Cette Amaranthe devait être très-connue à Bordeaux, sinon à Rennes, et l'on conçoit que l'amant abandonné ait voulu se venger avec l'arme de la satire.

Disons, en passant, que les scrupules de l'ami ou de l'éditeur ne sauraient avoir été motivés par la licence de *l'Occasion perdue recouverte,* car, si cet éditeur avait eu des scrupules de cette espèce, il n'eût pas manqué de rejeter une autre pièce dont voici le singulier titre : « Un cavalier faisoit quelques tours d'adresse devant plusieurs personnes et changeoit des cartes en telle figure qu'on vouloit. Une dame de la compagnie le crut sorcier et voulut prendre le jeu de cartes pour voir si elle y découvriroit rien, mais elle se mit en colère d'y trouver d'abord quelque chose en peinture que la pudeur et la bienséance deffend de nommer. »

C'est là une pièce qui peut encore avoir été faite *contre* une dame par un sentiment de vengeance.

La présence de *l'Occasion perdue recouverte* dans le volume du sieur de Cantenac s'explique tout naturellement, si on en accuse le libraire seul, soit que Théodore Girard eût voulu donner plus de vogue à sa publication en y intercalant une pièce très-recherchée et très-goûtée alors, soit qu’il ait attribué de bonne foi au sieur de Cantenac cette pièce qui circulait avec l'initiale de Corneille. Il faut dire, en outre, que le sieur de Cantenac n’avait pas été le dernier à s’expliquer sur un sujet que les poëtes se disputaient alors, et qu’il avait composé aussi une idylle intitulée *la Jouissance*, où l’on retrouve les principaux traits de *l'Occasion perdue recouverte*.

Quant au texte de *l'Occasion perdue recouverte*, tel qu’il a été réimprimé dans les Poësies nouvelles et autres œuvres galantes du sieur de Cantenac, il faut y constater la suppression de deux strophes et l’addition de deux strophes nouvelles, avec un assez grand nombre de variantes qui ne font pas honneur au talent et au goût du plagiaire ou du contrefacteur. Il faut reconnaître ici que le texte original a été altéré et interpolé assez maladroite- ment.

Huit ans plus tard, la vogue de *l'Occasion per- due recouverte* n’était pas encore épuisée, car un auteur de nouvelles galantes et comiques publiait sous ce titre même, à la fin des *Soirées des Au- berges* (Paris, Étienne Loyson, 1669, petit in-12), une petite nouvelle, qui pourrait bien avoir été le point de départ du poëme attribué à Corneille, et un poëte de premier ordre, qui a gardé l’anonyme, jetait dans le public un *caprice* charmant, qu’il avait intitulé : *La Jouissance imparfaite*. Nous rencontrerons ce Caprice, à côté de *l'Occasion per- due recouverte*, dans un recueil imprimé à Rouen : *Maximes et lois d'amour, lettres, billets doux et galants, poësies* (Paris, Olivier de Varennes, 1669,

in-8). Ce recueil avait été publié d'abord à Rouen,
par le libraire Lucas, en 1667. Le libraire de Paris
n'avait fait que changer le titre et ajouter à la fin
du volume un cahier de 24 pages, imprimé avec
les mêmes caractères, cahier dans lequel *l'Occasion perdue recouverte* est suivie de *la Jouissance
imparfaite*, qui remet en scène dans un admirable
langage la première partie de cette éternelle *Occasion*. Le sieur de Valdavid, ami de Pierre Corneille,
est incontestablement le principal auteur de cette
compilation, dédiée au duc de Montausier. *L'Occasion perdue recouverte*, que le sieur de Cantenac
avait failli transporter à Bordeaux, retournait ainsi
en Normandie, à Rouen, qui l'avait vue naître
dans la première jeunesse de Corneille.

Concluons : l'*Occasion perdue recouverte* est
loin d'être indigne du grand Corneille, sous le
rapport littéraire ; quant au point de vue moral,
nous nous garderons bien de l'excuser, quoique la
licence des poëtes sous le règne de Louis XIII ait été
constamment encouragée par la faveur des gens de
cour et par la sympathie de la société la plus aris-
tocratique. Michault, de Dijon, en voulant défendre Corneille, ne s'est pas aperçu qu'il faisait
acte d'ignorance. « Je ne crois pas, dit-il, qu'il
soit jamais échappé à sa plume aucun ouvrage
où règnent une liberté condamnable et un esprit
de débauche. » S'il avait lu les *Mélanges poëtiques*,
imprimés en 1632 à la suite de la tragi-comédie
de *Clitandre*, et qui contiennent une épigramme
que les éditeurs des œuvres de Corneille n'ont pas
encore osé reproduire, il aurait pu admettre que
le poëte obéit involontairement au goût de son

époque. « Je n'ai pas fait difficulté, dit l'abbé Granet dans la préface des *OEuvres diverses de Pierre Corneille* (Paris, Gissey, 1738, in-12), de supprimer des plaisanteries d'un goût peu délicat et divers traits d'une galanterie trop libre... En retranchant les morceaux d'une galanterie licencieuse, je n'ai fait que me conformer à l'exemple de M. Corneille, qui a purgé ses premières comédies de tout ce qui en pouvait rappeler l'idée. » L'abbé Granet a pourtant laissé subsister le fameux rondeau où l'auteur du *Cid*, dans sa juste indignation contre les odieuses manœuvres de Scudéry,

L'envoye au diable et sa muse au bordel.

Il est tout naturel que le chancelier Séguier, qui était d'une piété exemplaire, ait conduit Corneille à confesse et que le confesseur ait ordonné à son pénitent de traduire l'*Imitation de Jésus-Christ*, pour expier son *Occasion perdue recouverte*. Quelques années plus tard, La Fontaine, en expiation de ses *Contes et nouvelles*, se faisait aussi, à l'instigation d'Arnauld d'Andilly et des jansénistes, le traducteur docile de quelques psaumes et de quelques hymnes du bréviaire romain; mais, pour se distraire de l'ennui que lui causaient ces traductions, il composait encore des contes en cachette, avec l'intention formelle de ne pas les faire imprimer. S'il eût été l'auteur de *l'Occasion perdue recouverte*, il n'aurait pas souffert qu'un sieur de Cantenac lui disputât la paternité de cet enfant de l'amour, et il se serait empressé de le reconnaître, au risque d'être excommunié dans ce monde et dans l'autre. Corneille, au contraire, ne crut jamais avoir assez expié ses péchés de jeunesse, et pendant plus de quarante ans il fit pénitence de *l'Occasion perdue recouverte*.

P. L.

SOURCES ET IMITATIONS

D E

L'OCCASION PERDUE RECOUVERTE

IMPUISSANCE (1)

Quoy! ne l'avois-je assez en mes vœux desirée?
N'estoit-elle assez belle ou bien assez parée?
Estoit-elle à mes yeux sans grace et sans appas?
Son sang n'estoit-il pas issu d'un lieu trop bas?
Sa race, sa maison n'estoit-elle estimée?
Ne valoit-elle point la peine d'estre aimée?
Inhabile au plaisir, n'avoit-elle de quoy?
Estoit-elle trop laide ou trop belle, pour moy?
Ha! cruel souvenir! Cependant je l'ay euë,

(1) Ces vers, imités des *Amours* d'Ovide (liv. III, élégie 7),
sont de Mathurin Regnier; ils ont été publiés, après sa mort,
dans ses œuvres, en 1613 et 1642. On les retrouve avec de
bonnes corrections, mais aussi avec de nouvelles fautes,
dans le *Nouveau recueil des plus belles poësies, contenant le
Triomphe d'Aminte, la Belle invincible, la Belle mandiante,
l'Occasion perdue, etc., et autres pièces curieuses* (Paris,
vefve G. Loyson, 1654, in-12, p. 399-404).

Impuissant que je suis, en mes bras toute nuë,
Et n'ay peu, le voulant tous deux esgallement,
Contenter nos desirs en ce contentement!
Au surplus, à ma honte, Amour, que te diray-je?
Elle mit en mon col ses bras plus blancs que neige,
Et sa langue mon cœur par ma bouche embrasa :
Bref, tout ce qu'ose Amour, ma Déesse l'osa.
Me suggérant la manne en sa lèvre amassée,
Sa cuisse se tenoit en la mienne enlassée,
Les yeux luy petilloient d'un desir langoureux,
Et son ame exhalloit maint soupir amoureux.
Sa langue, en begayant, d'une façon mignarde,
Me disoit : « Mais, mon cœur, qu'est-ce qui vous retarde?
N'aurois-je point en moy quelque chose qui peust
Offenser vos desirs ou bien qui vous depleust?
Ma grace, ma façon, ha! Dieu! ne vous plaist-elle!
Quoy! n'ay-je assez d'amour ou ne suis-je assez belle? »
Cependant, de la main animant ses discours,
Je trompois, impuissant, sa flamme et mes amours,
Et comme un tronc de bois, charge lourde et pesante,
Je n'avois rien en moy de personne vivante.
Mes membres languissans, perclus et refroidis,
Par ses attouchemens n'estoient moins engourdis.
Mais quoy! que deviendray-je en l'extrême vieillesse,
Puisque je suis retif au fort de ma jeunesse?
Et si, las! je ne puis, et jeune et vigoureux,
Savourer la douceur du plaisir amoureux?
Ha! j'en rougis de honte, et dépite mon age,
Age de peu de force et de peu de courage,
Qui ne me permet pas, en cest accouplement,
Donner ce qu'en amour peut donner un amant;
Car, Dieu! ceste beauté, par mon deffaut trompée,
Se leva le matin, de ses larmes trempée,
Que l'amour, de dépit, écouloit de ses yeux,
Ressemblant à l'Aurore, alors qu'ouvrant les cieux,
Elle sort de son lict, honteuse et dépitée
D'avoir, sans un baiser, consommé sa nuictée,
Quand baignant tendrement la terre de ses pleurs,
De chagrin et d'amour elle enjette ses fleurs.

Pour flatter mon deffaut, de quoy me sert la gloire,
De mon amour passée inutile mémoire !
Quand, aimant ardamment et ardamment aimé,
Tant plus je combattois, plus j'estois animé;
Guerrier infatigable en ce doux exercice,
Par dix ou douze fois je rentrois dans la lice,
Où, vaillant et adroit, après avoir brisé,
Des chevaliers d'amour j'estois le plus prisé...
Mais de cet accident je fais un mauvais conte,
Si mon honneur passé maintenant est ma honte,
Et si le souvenir, trop prompt de m'outrager,
Par le plaisir receu ne me peut soulager.

O ciel ! il falloit bien qu'ensorcelé je fusse,
Ou, trop ardant d'amour, que je ne m'aperceusse
Que l'œil d'un envieux nos desseins empeschoit
Et sur mon corps perclus son venin espanchoit.
Mais qui pourroit atteindre au poinct de son mérite?
Veu que toute grandeur pour elle est trop petite,
Si, par l'égal, ce charme a force contre nous,
Autre que Jupiter n'en peut estre jaloux :
Luy seul, comme envieux d'une chose si belle,
Par l'émulation seroit seul digne d'elle.
Hé quoy! là haut au ciel mets-tu les armes bas,
Amoureux Jupiter? Que ne viens-tu çà-bas
Jouir d'une beauté, sur les autres aimable?
Assez de tes amours n'a caqueté la Fable :
C'est ores que tu dois, en amour vif et prompt,
Te mettre encore un coup les armes sur le front;
Cacher ta déité dessous un blanc plumage;
Prendre le feint semblant d'un satyre sauvage,
D'un serpent, d'un cocu, et te répandre encor,
Alambiqué d'amour, en grosses gouttes d'or,
Et puisque sa faveur, à moy seul octroyée,
Indigne que je suis, fut si mal employée,
Faveur qui de mortel m'eût fait égal aux dieux,
Si le Ciel n'eût esté sur mon bien envieux !

Mais, encor tout bouillant de mes flammes premieres,

De quels vœux redoublez et de quelles prieres,
Iray-je derechef les Dieux sollicitant,
Si d'un bienfait nouveau j'en attendois autant;
Si mes deffauts passez leurs beautez mécontentent
Et si de leurs bienfaits je croy qu'ils se repentent?

Or, quand je pense, ô Dieux! quel bien m'est advenu!
Avoir veu dans un lict ses beaux membres à nu,
La tenir languissante entre mes bras couchée,
De mesme affection la voir estre touchée,
Me baiser haletant d'amour et de desir,
Par ses chatouillemens resveiller le plaisir!
Ha! Dieux! ce sont des traits si sensibles aux ames,
Qu'ils pourroient l'Amour mesme eschauffer de leurs flammes
Si plus froid que la mort ils ne m'eussent trouvé,
Des mystères d'amour amant trop reprouvé!
Je l'avois cependant, ivre d'amour extresme;
Mais si je l'eus ainsi, elle ne m'eust de mesme.
O malheur! et de moy elle n'eust seulement
Que des baisers d'un frère et non pas d'un amant!
En vain, cent et cent fois, je m'efforce à luy plaire,
Non plus qu'à mon desir je n'y puis satisfaire,
Et la honte pour lors, qui me saisit le cœur,
Pour m'achever de peindre, esteignit ma vigueur.

Comme elle reconnut, femme mal satisfaite,
Qu'elle y perdoit son temps, du lict elle se jette,
Prend sa juppe, se lace, et puis, en se moquant,
D'un ris et de ces mots elle m'alla picquant :
« Non, si j'estois lascive ou d'amour occupée,
Je me pourrois fascher d'avoir esté trompée,
Mais puisque mon desir n'est si vif ni si chaud,
Mon tiede naturel m'oblige à ton deffaut :
Mon amour satisfaicte aime ton impuissance,
Et tire de ta faute assez de recompence,
Qui, tousjours dilayant, m'a fait, par le desir,
Esbattre plus longtemps à l'ombre du plaisir. »

Mais estant la douceur par l'effort divertie,

La fureur à la fin rompit sa modestie,
Et dit en esclatant : « Pourquoy me trompes-tu ?
Ton impudence à tort a vanté ta vertu.
Si en d'autres amours ta vigueur s'est usée,
Quel honneur reçois-tu de m'avoir abusée ? »

Assez d'autres propos le dépit luy dictoit ;
Le feu de son desdain par sa bouche sortoit.
Enfin, voulant cacher ma honte et sa colère,
Elle couvrit son front d'une meilleure chère,
Se conseille au miroir, ses femmes appela,
Et, se lavant les mains, le fait dissimula.

Belle dont la beauté si digne d'estre aymée
Eust rendu des plus morts la froideur enflammée,
Je confesse ma honte, et, de regret touché,
Par les pleurs que j'espands j'accuse mon péché :
Péché d'autant plus grand que grande est ma jeunesse.
Si homme j'ay failly, pardonnez-moy, déesse.
J'avouë estre fort grand le crime que j'ay fait ;
Pourtant, jusqu'à la mort, si n'avois-je forfait,
Si ce n'est à present, qu'à vos pieds je me jette :
Que ma confession vous rende satisfaicte !
Je suis digne des maux que vous me prescrirez.
J'ay menty, j'ay volé... j'ay des vœux parjurez,
Trahy les dieux benins. Inventez à ces vices,
Comme estranges forfaicts, des estranges supplices.
O beauté, faictes-en tout ainsi qu'il vous plaist ;
Si vous me commandez à mourir, je suis prest !
La mort me sera douce, et d'autant plus encore,
Si je meurs de la main de celle que j'adore.
Avant qu'en venir là, au moins souvenez-vous
Que mes armes, non moy, causent vostre courroux ;
Que, champion d'amour entré dedans la lice,
Je n'eus assez d'haleine à si grand exercice ;
Que je ne suis chasseur jadis tant approuvé,
Ne pouvant redresser un deffaut retrouvé.
Mais d'où viendroit ceci ? Seroit-ce point, maistresse,
Que mon esprit, du corps précédast la paresse ?

Ou que, par le desir trop prompt et violent,
J'allasse, avec le temps, le plaisir consommant?
Pour moy, je n'en sçay rien; en ce fait, tout m'abuse.
Mais enfin, ô beauté, recevez mon excuse:
S'il vous plaist derechef que je rentre à l'assaut,
J'espère avec usure amender mon deffaut.

L'OCCASION PERDUE

A CLORIS

STANCES (1)

Après avoir bien ry des maux que j'ay souffers,
    Que je souffre encore à toute heure,
Si vous n'adoucissez la rigueur de mes fers,
    Cloris, il faudra que je meure.
    Consultez, avant mon trépas ,
    Ce que vont perdre vos appas.
Un constant comme moy n'est pas si peu de chose;
Et vous n'y songez pas ou n'y songez pas bien :
Hylas renâquit-il par sa métempsicose?
Quand vous m'aurez perdu, vous ne treuverez rien,
J'entends qui comme moy fasse un doux entretien.
Et dont l'ame soit moins volage et mensongère,
    Car, pour des amans du commun,
Vous en aurez tousjours, mais ce n'est pas tout un ;
Encor, comme je crois, n'en retiendrez-vous guère.

Ce n'est pas qu'en effet vous n'ayez cent beautez,
    Que vostre humeur ne soit aimable;

(1) *Nouveau recueil des plus belles poësies, contenant le Triomphe d'Aminte, la Belle invincible, l'Occasion perduë, etc., et autres poésies curieuses.* (Paris, chez la vefve Loyson, 1654, in-12, p. 119-158.)

Je l'advouë entre nous, et mes sens agitez
    Font vostre éloge incomparable,
    Mesme à mesure que j'escris.
    Vous sçavez mesnager vos ris;
Et ne prononcez pas un seul mot qui ne porte.
Mais où je n'ay rien fait, personne ne viendra.
Vous serez dans le monde, et l'on vous croira morte.
Pour parer ce malheur, c'est à vous qu'il tiendra,
Et si vous l'attendez, pas un ne vous plaindra.
On vous dira : « Cloris, vous n'estes pas trop sage;
    La mort de ce pauvre garçon
Nous fait, en conscience, une belle leçon,
Qu'on n'apprend pas sous vous un bon apprentissage. »

Raisonnez sans effort si d'un pareil discours
    Vous aurez lieu d'être contente.
Un esprit inconstant, comme on disoit ces jours,
    Rarement aime une inconstante.
    Nul ne veut estre rejeté.
    Chacun veut dire : J'ai quitté.
On devient fort jaloux de cette fausse gloire.
Quand on est aux adieux, on s'en va le premier :
La retraite est superbe autant que la victoire.
On est lâche, on est sot, quand on va le dernier.
On veut voir la maistresse et se plaindre et crier,
S'il faut que le divorce ait des cris et des larmes;
    Et pour vous parler franchement,
Les hommes de Paris sont ordinairement,
En matière d'amour, comme de vrais gendarmes.

Pour moy je ne suis pas composé de ce biais,
    Je n'eus jamais l'ame mauvaise,
Et comme le visage a l'air docile et niais,
    J'ay l'humeur docile et niaise.
    Depuis que je suis engagé,
    Je n'ay pas seulement songé
Comment je me prendrois à d'autres amourettes.
J'enrage loin de vous, je suis presque aux abois;
Et n'estoit que je pense à vous conter fleurettes,

Je mourrois tout d'un coup, sans en faire à deux fois.
Hélas! si les clameurs de ma dolente voix
Venoient sans y penser vous frapper les oreilles.
        Connoissant combien je suis fou,
Vous viendriez me voir, et me sautant au cou.
Sans doute esteindriez mes ardeurs nompareilles

Aussi, depuis un mois je fais le confondu.
        Je parle à tous de ma souffrance,
Je dis à tout le monde : « Adieu! je suis perdu! »
        Et puis, par un triste silence,
        Relevé de quelques soupirs,
        Je fais connoistre mes desirs,
Afin qu'un bon amy vous les aille redire.
Je vay tard par chez vous, quoyqu'il soit dangereux.
J'y rode en marmottant quelques mots de martire;
Tous les pas que j'y fais traînent en malheureux,
J'y mouche sur un ton qui ressent le pleureux.
J'y tousse et crache aussi, non pas sans me contraindre,
        Et dans une telle langueur,
Si j'y conserve encor ma première vigueur,
C'est pour vous dépescher, si vous venez me plaindre.

En vérité, Cloris, un transport de pitié
        Seroit un transport pardonnable;
Je vous en supplirois par toute l'amitié
        Dont vous devez estre capable :
        N'estoit qu'en suppliant ainsi,
        Je reconnois bien, Dieu mercy,
Que l'amitié vous est une chose inconnuë,
Et qu'on ne vous prend pas par le spirituel.
Vous n'y fûtes jamais qu'aparâment émeuë.
Aussi, vous ay-je escrit cartel dessus cartel,
Et mille fois de bouche appellée en duel,
Pour tirer ma raison du tort que vous me faites;
        Vous m'avez refusé tout plat;
Après vous vous vangez par un assassinat :
Mais mon mal vous prendra, si vous n'y satisfaites.

Oüy, mon mal vous prendra, mais possible trop tard
      Pour y treuver quelque remede ;
Car, s'il m'arrive un jour de faire bande à part,
      Vous aurez beau crier à l'aide ;
      Le diable me puisse emporter
      Si je daigne vous escouter,
Et si je fais un pas pour vous tirer de peine !
En deussiez-vous avoir, et les pâles couleurs,
Et mesme la jaunisse ou bien la courte haleine,
Je noyeray mes maux au torrent de vos pleurs ;
Et vous faisant sentir à mon tour des rigueurs,
Vous connoistrez par là les tourmens qu'on endure,
      Quand on est seul de son costé,
Qu'on veut ce que refuse une autre volonté,
Et quand on fait la nargue à madame Nature.

C'est encor vous aimer que de vous avertir
      De ce malheur qui vous menace.
Vous pouvez l'éviter, venant me secourir,
      Et changeant en feu vostre glace.
      Donc, Cloris, vivons bons amis,
      Et que nos esprits bien soumis
Ne se fassent jamais qu'une amoureuse guerre.
Je fais des vœux pour vous come j'en fais pour moy ;
J'aime aussi bien que vous le sejour de la terre ;
Et tant que j'y seray, j'y seray sous la loy
Que nous fismes tous deux en nous donnant la foy.
Touchons-nous dans la main en amour et simplesse.
      Et bannissons loin de nos cœurs
Riottes et mespris, malices et froideurs,
Et faisons banqueroute à toute la tristesse.

Vous estes bonne fille, et je suis bon garçon.
      Nous n'en devons rien l'un à l'autre.
Nous nous sommes donnez mainte et mainte leçon,
      Vous avez du mien, j'ay du vostre.
      Vostre amour au mien s'est montré,
      Mais, las ! il n'a que folastré.
Nous avons fait de tout, hormis la bonne affaire...

Quand je songe au pourquoy, je deviens interdit ;
Car enfin, si ma flâme eût esté moins sévère,
Je pouvois aisément vous jetter sur le lit,
Et si, sur mon honneur, je ne l'eusse pas dit,
(Je ne m'en souviens mesme icy qu'en parenthèse),
    Vos yeux roulant nonchalamment
Disoient sans cesse aux miens : « Faisons-le proptement ! »
Mais l'amour s'en alla, sans vous faire bien aise.

Ce fut vostre pudeur et ma timidité,
    Qui firent ce mauvais menage.
Ma main posoit à plomb sur vostre nudité,
    Et, visage contre visage,
    J'estois comme vous sans soustien ;
    Nos sens ne tenoient plus à rien,
Et nos cœurs déreglez déregloient nos pensées ;
Nous ne sçavions tous deux comment nous enlasser.
Nos flâmes se pressoient, et se sentoient pressées.
Nos corps à tous momens vouloient se renverser...
Il ne s'en falloit plus qu'à ne plus rien penser :
Mais nous pensâmes trop. Le feu prit deux amorces,
    L'amour gasté frustra nos vœux :
A faux en mesme temps nous tirâmes tous deux,
Et la foiblesse ainsi nous redonna nos forces.

Après cela, je vis vos yeux moins languissans,
    Leurs brillans broüillez s'éclypserent.
Comme d'un grand sommeil vous repristes vos sens
    Et vos mourans baisers cesserent.
    Honteuse d'un tel accident,
    Le rouge vous prit plus ardant ,
Et l'amour parut triste au bord de vos paupiéres.
Vostre corps en pleura par sa chaude sueur.
Vos feux s'entregrondans tournèrent cent carrières.
Vous pensastes vingt fois m'appeller affronteur :
Mais un trop grand dépit calma ceste fureur.
Puis, vostre rage estoit à demy r'allentie.
    Vous estiez pourtant en courroux,

J'estois un peu confus, mais non pas tant que vous.
Voyant si mal finir cette belle partie.

Depuis ce doux moment, l'ayant manqué si beau,
    Vous avez pris un air farouche :
Vos flâmes ont esté pour moy dans le tombeau,
    J'ai tout perdu, jusqu'à la bouche.
    Vos esprits tousjours mutinez
    M'ont fait sans cesse un pied de nez,
Alors que j'ay voulu remonter sur ma beste.
Je n'ay pu revenir jamais à mes moutons,
Je n'ay plus esté saint dont on chomme la feste.
Il est vray j'ay baisé quelquefois vos tetons,
Mais tout cela n'est rien, n'allant point à tastons ;
Ou si c'est quelque chose, on en est plus à plaindre :
    Par des eslans impérieux
On ne fait qu'allumer des braziers furieux
Que le diable nourrit, et qui veulent s'éteindre.

Mais revenons, Cloris, tous deux d'un mesme accord
    Mon mal vous donne de la peine ;
Et c'est à vos despens que vous me faites tort ;
    Car quand vous m'estes inhumaine,
    Semblable à cet esprit malin
    Qui pour aveugler son prochain
S'éborgne volontiers d'une des deux prunelles,
Vous enragez d'abord pour me faire enrager,
Et faites à vos sens des blessures mortelles.
C'est assez avoir pris de soins à vous venger.
Après tant de travaux, il se faut soulager.
Je sçay que plus que moy vous en avez envie,
    Et vous avez beau marchander,
Vous devez de bon gré dans peu me l'accorder.
Et dans peu le dépit vous ostera la vie

Il est vray, j'ay failly, par mon chien de respect..
    Je devois estre un peu moins sage :
Mais je suis corrigé (grâce à nostre regret)
    Et je suis fait au badinage.

Si je vous rencontre à l'écart,
Soit en plein jour ou sur le tard,
Par ma foy, vous pouvez bien brider vostre juppe.
Je verray jusqu'au haut comme elle est à l'envers,
Et puis, vous renversant pour soustenir la duppe,
Tout d'un coup je mettray vos beaux yeux de travers,
Comme je l'imagine en escrivant ces vers...
Hélas ! ce doux penser me met hors de moy-mesme.

Mais tout beau, ma chair et mon sang !
Laissez finir ma plume, attendez votre rang :
Vous en aurez assez quand vous serez à mesme.

D. M.

LA JOUISSANCE IMPARFAITE

CAPRICE (1)

Après mille amoureux discours
Interrompus d'un long silence,
Elle repousse mes amours
D'une agréable violence.

Je sçay qu'en cette occasion
Ce qui cause nostre querelle,
Ce n'est pas son aversion,
Mais c'est sa pudeur naturelle.

Pour ses bras en vain resistans,
Ses yeux semblent me faire excuse,

(1) Imprimé à la suite de *l'Occasion perduë recouverte*,
page 18 de ce cahier séparé, qui se trouve à la fin des
*Maximes et loix d'amour, lettres, billets doux et galants,
poësies* (Paris, Olivier de Varennes, 1669, pet. in-8).

Et je trouve qu'en mesme temps
Elle m'accepte et me refuse.

Pour favoriser mon dessein,
Et soulager mon mal extresme,
Le linge qui couvroit son sein
Est tombé presque de luy-mesme

Ayant porté ses belles mains
Dessus ces deux globes d'albâtre,
Je baise les doigts inhumains
Qui cachent ce que j'idolâtre.

« Hélas ! à quoy, dis-je, vous sert
D'estre à mon amour si farouche ?
Vos mains ont vostre sein couvert,
Et m'ont decouvert vostre bouche.

« Vous faites autant de péchez
Que vous m'ostez de belles choses,
Mais pour les lys que vous cachez,
Je m'en vay bien cueillir des roses.

« Dieux ! que cette bouche a d'appas !
Que tout ce visage a de grâces !
Cent mains ne vous suffiroient pas
Pour garder tant de belles places »

Icy la constance est à bout,
Toute sa force est allentie :
Elle aime mieux me donner tout,
Que d'en céder une partie.

Au lieu donc de me repousser,
Ses bras, sans aucune contrainte,
Ne servent plus qu'à m'embrasser
D'une amoureuse et molle estrainte.

Son amour dans ses yeux se lit,
J'y connois son inquiétude ;

Elle tombe dessus le lit,
Plus d'amour que de lassitude.

Par l'ardeur de sa passion
Toute sa personne est émeuë,
Et son imagination
Trouble lascivement sa veuë.

Déjà sa gorge s'enfle un peu,
Et (j'ay de la peine à le croire).
J'aperçoy l'éclat d'un beau feu
Entre deux colonnes d'yvoire.

Mais, ô foible contentement,
Passion qui n'a point d'exemple,
Mon vain devoir en un moment
Se rend à la porte du temple.

Incomparable affliction !
Une ville après cent batailles
Se rend à ma discretion,
Et je meurs au pied des murailles...

Nous faisons, mais séparément,
Ce qu'ensemble nous devions faire,
Et, sans le vif attouchement,
S'achève l'amoureux mystère.

Icy nos amours sont punis,
Par l'excez de leurs propres flames,
Et nos deux corps seroient unis.
Si nous n'eussions uni nos ames.

« Hélas! c'est trop tost achever!
Luy dis-je, la voyant fâchée,
Et honteuse de se lever,
Aussi-tost qu'elle fut couchée.

« Si je n'ay duré qu'un moment,
Accusez-en vostre constance ;

La moitié du chatoüillement
S'est passée en la résistance.

« D'une si nuisible vertu
Ne faites jamais tant de gloire;
Si vous n'eussiez point combattu,
Vous eussiez gagné la victoire.

« Mon défaut vous est glorieux,
Ne le prenez pas pour un crime;
Un feu lancé de vos beaux yeux
A brulé toute la victime.

« L'ame, par l'admiration
Et par le désir suspenduë,
Est cause que sans action
La volupté s'est répanduë.

« Excusez donc mon chaud desir,
Et vous consolez, Isabelle,
Vous eussiez eu plus de plaisir
Si vous eussiez esté moins belle. »

—

JOUISSANCE

STANCES (1)

Après tant de faveurs, ne craignez pas, Silvie,
        Que je ne sois secret :
J'ayme mieux près de vous passer, toute ma vie,
Pour un méconnoissant, que pour un indiscret.

(1) *Poësies choisies de MM. Corneille, Benserade, de Scudery, Bois-Robert, La Mesnardière, Sarrassin* (sic), *Desmarets, etc., et de plusieurs autres célèbres autheurs de ce temps.*
4° édition, revue, corrigée et augmentée (Paris, Charles Serey,
1653, in-8, page 30 de la première partie).

Vostre compassion a ma peine accourcie.
     Me rendant fortuné;
Mais il n'est pas besoin que je vous remercie.
De peur de faire voir que vous m'avez donné.

Pour m'en bien acquiter, tous mes desirs frivoles
     Resteront sans pouvoir;
Outre que je n'ay pas d'assez dignes paroles,
C'est que, pour en parler, je n'en veux pas avoir.

C'est assez que propice à mon inquiétude
     Vous flattiez mon ardeur :
Et jamais de ma part aucune ingratitude
N'en fasse repentir votre jeune pudeur.

Trop heureux que je suis d'avoir en ma puissance
     De si charmants appas;
Je sçauray bien me taire, et ma reconnoissance
Ne sera point du tout ou ne paroistra pas.

Je seray devant vous comme j'estois naguère,
     Quand je soupirois tant :
Et vous prendrez plaisir vous-mesme à me voir faire.
Quand vous m'entendrez plaindre et me saurez content.

Je veux que la tristesse encore se revoye
     Sur ma pâle couleur,
Et cent soûpirs iront à ma secrette joye,
Qui seront adressez à ma fausse douleur.

Je vous appelleray mon ingrate maistresse,
     Publieray mes langueurs,
Et malgré vos bontez, tout le monde sans cesse
Verra dans mes écrits subsister vos rigueurs.

Je ne suis pas de ceux dont la vaine ignorance,
     Ne pouvant bien choisir,
Plustost que le solide, embrassent l'apparence
Et font du seul éclat l'essence du plaisir.

Leur maxime n'est pas que la chose se cache,
    Cela les refroidit :
Toute leur volupté, c'est que chacun le sçache,
Et que rien ne soit fait, pourveu que tout soit dit.

Moi qui n'ay pas chez eux fait mon apprentissage,
    Je n'en tiens du tout rien;
Ma muse, quoyque jeune, est une muse sage,
Qui n'a jamais fait honte à qui m'a fait du bien.

Aussi, rasseurez-vous, adorable Silvie,
    Et ne permettez pas
Que de nostre amoureuse et bienheureuse vie
Une goutte d'absinthe aigrisse les appas.

Jeunes, à pleines mains cueillons et lis et roses,
    D'un soin toujours égal;
J'ay bien fait de languir pour de si belles choses;
Et vous avez bien fait de soulager mon mal.

Ne laissons échapper un moment inutile
    En l'avril de nos ans,
Et que nostre pensée en delices fertile,
S'épuise et se remplisse en faveur de nos sens

De vos chères faveurs les aimables largesses
    Comblent tout mon souhait,
Et cependant mon ame au milieu des caresses
Ne peut venir à bout d'un desir satisfait.

Contente, elle désire, et va criant à l'ayde,
    Au milieu du secours;
Le doux mal qu'elle plaint dure après son remède,
Et quoy qu'il en arrive, elle brûle toujours.

C'est trop d'amour, Silvie, et cet excès aimable
    Ne vous déplaira point;
Je n'ay jamais rien fait qui n'ait esté blamable,
Si vostre jugement me condamne en ce poinct.

Que j'aime ce visage en sa naïve grace
    Jadis plein de refus,
Et maintenant si doux, qu'on n'y voit plus la trace
De nul de ses dédains qui ne paroissent plus !

Ces beaux yeux, ce beau sein, toutes ces riches marques
    N'appartiennent qu'à moy,
Et bas comme je suis au-dessous des monarques,
J'ay pourtant des trésors que n'auroit pas un roy.

Tout beau ! quelque douceur si plaisante à décrire
    Qu'ait eu ma passion,
J'ay beaucoup à penser, mais je n'ay rien à dire
Et ma gloire dépend de ma discrétion.

BENSERADE.

JOUISSANCE (1)

Enfin cette beauté qui me faisoit mourir,
    Dans le soin de me secourir
Change l'ingratitude à la reconnoissance,
Et m'a dit aujourd'hui que sa difficulté
    Feroit moins voir sa cruauté
    Que l'excès de ma récompense.

Mais quoy? sans retomber au péril du trépas,
    Pourray-je dire les combats
Que la honte et l'amour livrèrent à son ame,
Alors que, se rendant à mon assaut vainqueur,
    L'innocente mouroit de peur,
    Et trembloit au bruit de ma flame !

(1) *Nouveau recueil de diverses poësies du sieur Du Teil,
augmenté de plusieurs poëmes, stances, sonnets, etc.* (Paris,
J. B. Loyson, 1659, in-12, p. 52-56).

Amour, qui m'as comblé de gloire et de plaisir,
    Seconde encore mon desir;
Toy qui brulois mon cœur, échaufe un peu ma veine,
Afin qu'on puisse lire écrit sur tes autels
    Des caractères immortels
    A la loüange de ma reine.

En la triste saison que Phebus endormy
    Ne luit au monde qu'à demy,
Mon astre m'éclaira de toute sa lumière,
Et cette belle aurore, un peu devant le jour,
    A l'assignation d'amour
    Se rendit presque la première.

Au moment que je vis ce merveilleux objet,
    Pour qui j'avois tant de respect,
Entrer les yeux baissez, et d'un accent timide,
Me dire : « Cher Tircis, à quoy m'exposes-tu ?
    Faut-il que pour toy la vertu
    Cède à la fureur qui me guide ?

« Tircis, vivons tousjours dans nos feux innocens;
    Et si j'ay des charmes puissans,
Comme pour me flater tu le veux faire croire,
Modère aussi les tiens, et content de ma foy,
    Cesse de prétendre sur moy
    L'honneur d'une lâche victoire. »

Quand je vis tant de grace avec tant de pudeur,
    Peu s'en fallut que mon ardeur
N'écoutât du respect les simples remonstrances,
Et que, perdant le fruit de cette occasion,
    Une sotte confusion
    Ne ruinât mes espérances.

Mais reprenant bien-tost mon généreux dessein,
    J'attache ma bouche à son sein,
Qui d'un poux inégal témoignoit ses alarmes :
Là nous eusmes un long et périlleux combat,

Avant qu'elle ne succombât
Sous l'heureux effort de mes armes.

Nos rideaux recevoient tout autant de clarté
Qu'il en faut pour une beauté
Qui des jeux de l'Amour n'a pas l'expérience.
La pudeur de Philis s'y pouvoit asseurer,
Et j'y pouvois considérer
Tous les traits de son innocence.

Je vis comme l'Amour quelquefois luy haussoit
Ses yeux que la honte abaissoit
Je vis rougir ses lys, je vis pâlir ses roses;
Tout estoit merveilleux, et je puis hardiment
Protester que jamais amant
Ne toucha de si belles choses.

Alors, n'en pouvant plus : « Cher voleur d'un tresor,
Que je devois garder encor,
Après avoir soulé ton amoureuse envie,
Après t'estre enrichy de ma première fleur,
Après m'avoir osté l'honneur,
Oste-moy, dit-elle, la vie ! »

« Reyne de mes desirs, maistresse de mon sort.
Puisque nos destins sont d'accord,
Goustons les voluptez que le ciel nous envoye;
Appaise donc, luy dis-je, appaise tes douleurs,
Et ne fais pas tomber des pleurs
Dans le fleuve de nostre joye.

« Tu sçais, belle Philis, que ma discrétion
L'emporte sur ma passion,
Et qu'à dissimuler j'ay si peu de contrainte,
Que tous les espions qu'on vient de nous donner
Jamais ne pourront discerner
La vérité d'avec la feinte.

« Sçache aussi que d'Amour l'agréable péché,
Pourveu qu'on le tienne caché

Loin de ce que tu crains, n'apporte à ses complices
Qu'un mutuel desir de le faire souvent,
    Et l'honneur, qui n'est que du vent,
    Se garde parmy nos delices. »

Ce miracle d'amour, de grâce et de beauté.
    Après m'avoir bien ecouté :
« Que les propos, dit-il, d'une personne aimée
Ont un rare pouvoir de toucher nos esprits !
    Que mes sens se trouvent surpris,
    Et ma colère desarmée !

« Dispose de ma vie, aimable suborneur !
    L'Amour, plus puissant que l'honneur,
Me fait abandonner ma première conduite,
Et dit à ma raison, qu'un si parfait amant
    Ne peut cucillir injustement
    Les fruits d'une longue poursuite. »

JOUISSANCE

IDYLLE (1)

Du bel astre du jour les lumières errantes
Avoient brillé deux fois sur les fleurs renaissantes.
Et sous les noirs frimas les aquilons naissans
Avoient blanchy deux fois la vieillesse des ans;
Depuis le jour fatal que l'amoureux Lysandre
Vit la belle Climene et ne peut s'en deffendre,
Et qu'heureux à ses pieds de voir couler ses jours.
Il n'estoit point gesné par d'ingrates amours.
Après beaucoup de temps, de constance et de peine.

(1) *Poésies nouvelles et autres œuvres galantes du sieur
de C...* (Paris, Théodore Girard, 1662, in-12, p. 75-78).

Il sut toucher le cœur de l'aimable Climène,
Et cette belle enfin, favorable à ses vœux,
Ressentit les langueurs d'un tourment amoureux.
Tous deux, fuyant le monde, abandonnoient leurs ames
Aux plaisirs innocens de leurs discrètes flames,
Et ces parfaits amans ne peignoient dans leurs yeux
Que ces chastes amours qui triomphent des dieux.
Mais qu'on voit rarement, dans le siècle où nous sommes,
Les amans aimer bien et n'aimer pas en hommes,
Et qu'il est difficile au cœur bien enflamé
D'estre longtemps discret, lorsqu'il est fort aimé!
Lysandre, en qui l'amour estoit jadis si pure,
Fut touché du désordre où porte la nature :
Son cœur et sa raison ne pouvant s'accorder,
Il vouloit des faveurs qu'il n'osoit demander.
Climène le connut, et son ame affligée
Desira vainement de se voir dégagée.
Mais elle aimoit beaucoup, et vit bien qu'en aimant
L'on s'accoutume enfin aux transports d'un amant.
Climène chaque jour devenoit moins sévère,
Répondoit à Lysandre avec moins de colère,
Et Lysandre, hardy, luy contoit chaque jour
Les plaisirs indiscrets du criminel amour.
D'un honneur scrupuleux les loix trop rigoureuses
Combattirent longtemps leurs flames amoureuses.
Mais dès lors que l'honneur est pressé par l'amour,
Si l'amour est bien fort, l'honneur cède à son tour.
Avec tous les efforts d'une vertu sévère,
C'est en vain que souvent la Raison delibère,
Et l'esprit, combattu par des attraits puissans.
Se trouble et s'abandonne à l'empire des sens.

Sur le bord d'un ruisseau, loin du bruit et du monde
Climène un jour dormoit au murmure de l'onde,
A l'ombrage d'un bois et sur le gazon vert :
Un doux zephir baisoit son beau sein découvert.
Telle parut jadis, dans les bois de Cythère,
Des plus tendres Amours la ravissante mère,
Quand lasse de chercher son aimable Adonis,

Elle se reposoit dans les bras de son fils.
Climène, mille fois plus charmante et plus belle,
Dort parmi les Amours qui veillent autour d'elle,
Qui toujours attachez à ses divins appas,
L'aiment comme leur mère et ne la quittent pas.
Elle dormoit encor, lorsque son cher Lysandre,
Guidé par l'Amour mesme, en ce bois se vint rendre.
Surpris d'un nouveau jour qui brilloit à ses yeux,
Il connut que Climène estoit près de ces lieux.
Il soupire, il s'avance, et dans cet instant mesme,
Plein de joie et d'ardeur, il trouve ce qu'il aime,
Il reconnoît Climène, et voit que son beau corps,
Négligemment couché, découvroit ses trésors.
Charmé de contempler tant de beautez nouvelles,
De mille feux nouveaux il sent les étincelles,
Et se laisse embraser à ces esprits ardens
Qui malgré la raison s'écoulent par les sens.
Sans éveiller Climène, à genoux auprès d'elle,
Il veut porter sa bouche au sein de cette belle,
Et sa main criminelle est prête de toucher
Des trésors que l'honneur ordonne de cacher.
Mais un léger respect qui combattoit sa flame,
Calma pour un moment les transports de son ame,
Et, prest d'exécuter un si hardy dessein,
Il sentit arrester et sa bouche et sa main.
Il craignit justement que Climène offensée
Ne punît par sa haine une ardeur insensée,
Et que, pleine d'horreur pour sa témérité,
Il ne peust plus fléchir son esprit irrité.
« Que feray-je, dit-il, dans l'ardeur qui m'anime?
Qui péche par amour ne fait pas un grand crime.
Souvent dans les combats qu'ont des cœurs amoureux,
Si l'on n'est téméraire on n'est jamais heureux.
Nul ne peut estre sage auprès de ce qu'il aime :
Le respect dure peu quand l'amour est extrême,
Et ces foibles combats sont au cœur d'un amant
Ce que fait un peu d'eau sur un brasier fumant. »

A ces mots, il s'emporte, et son ame aveuglée

S'abandonne aux fureurs d'une amour déréglée.
Il arreste Climène avec ses bras puissans,
Et l'inhumain est sourd à ses cris innocens.
Cette belle, en désordre, estonnée et tremblante,
Tâche en vain d'échapper, se plaint et se tourmente,
Menace son amant de courir au trépas :
Enfin elle le prie et ne le fléchit pas.
Sa résistance est foible aux efforts de Lysandre.
Contre quelque autre amant elle eust peu se defendre,
Mais contre ce qu'on aime on fait un vain effort :
Quand le cœur nous trahit, le bras n'est guères fort.
Ce n'est plus qu'aux soupirs que sa bouche est ouverte,
Elle ferme les yeux pour ne pas voir sa perte,
Et les bras étendus, sans aucun mouvement,
Laisse tout prendre enfin à cet heureux amant.
Jamais tant de beautez, avecque tant de joye,
Des ardeurs d'un amant ne devinrent la proye,
Et l'on ne vit jamais dans l'empire amoureux
De plus belle conqueste et d'amant plus heureux.
Dans le fond de ce bois les Nymphes en rougirent,
Le Faune tressaillit, et les Amours en rirent;
Tous en furent émus et dirent tour à tour,
Que rien n'est comparable aux douceurs de l'amour.

JOUISSANCE

SONNET (1)

Aujourd'huy dans tes bras j'ay demeuré pâmée :
Aujourd'huy, cher Tircis, ton amoureuse ardeur
Triomphe impunément de toute ma pudeur,
Et je cède aux transports dont mon ame est charmée.

----

(1) *Poësies choisies de MM. Corneille, Bois-Robert, de*
Marigny, Desmarets, Gombault, de La Lanne, de Cerisy, de

Ta flame et ton respect m'ont enfin desarmée :
Dans nos embrassemens je mets tout mon bonheur,
Et je ne connois plus de vertu ni d'honneur,
Puisque j'aime Tircis et que j'en suis aimée.

O vous, foibles esprits, qui ne connoissez pas
Les plaisirs les plus doux que l'on gouste icy-bas,
Apprenez les transports dont mon ame est ravie.

Une douce langueur m'oste le sentiment,
Je meurs entre les bras de mon fidelle amant,
Et c'est dans cette mort que je trouve la vie.

———

JOUISSANCE

(Imité d'Ovide, *Amours*, liv. III, élég. 7.)

STANCES (1)

Accablé de l'inquiétude
Que cause l'ardeur de l'esté,
Pour dissiper ma lassitude
Sur mon lit je m'estois jeté.
Le soleil, dans ma chambre obscure,
Trouvant quelque foible ouverture,
Lançoit un rayon de ses feux,
Et meslant la lumière à l'ombre,
En faisoit un lieu clair et sombre
Propice aux larcins amoureux.

Cerisay, Maucroix, etc., et plusieurs autres. Cinquiesme
partie (Paris, Charles de Sercy, 1666, in-12. p. 61). Ce son-
net, publié sans nom d'auteur dans différents recueils, est
de mademoiselle Desjardins, plus tard madame de Villedieu,
qui ne le désavouait pas.

(1) Cette pièce, sans nom d'auteur, se trouve à la p. 1177
du t. IX du recueil manuscrit de Conrart, in-folio, Bibliothèque de l'Arsenal.

Alors à mes yeux se présente
Corinne et n'ose m'approcher :
Sa robe blanche et transparente
La couvroit sans me la cacher.
Elle chancelle, je m'avance;
J'attaque, elle fait résistance
Et tâche de me repousser,
Mais d'une manière si douce.
Que le beau bras qui me repousse,
Est deja prest à m'embrasser.

Enfin, vainqueur de cette belle.
J'en contemplay tous les appas,
J'admiray ce qu'on voit en elle
Et tout ce que l'on ne voit pas.
Chacun aisément conjecture
Ce qu'on fait en cette aventure
Avec l'objet de ses amours...
Que je serois digne d'envie,
Si dans la suite de ma vie
J'avois souvent de ces beaux jours !

L'OCCASION PERDUE RECOUVERTE [1]

Une certaine Dame de la campagne avoit un
mary fort jaloux, et neantmoins ne laissoit point
de se réjouyr, et de passer son temps avec un
jeune frisé, valet de chambre d'un gentilhomme
de ses voisins, dont elle estoit passionnement

(1) *Les Soirées des Auberges*, *l'Apothicaire de qualité,
l'Avanture de l'hostellerie, le Mariage de Belfegore, l'Occasion perduë recouverte, Nouvelles galantes, comiques et vé-
ritables* (Paris, Estienne Loyson, 1669, in-12, p. 289-292).

amoureuse, qui, quelquefois, la voyoit de près aux heures qu'elle l'avertissoit que son mary estoit absent. Cette Dame estoit parfaitement belle, et quoyqu'elle s'abandonnast à un valet, ne laissoit point d'estre poursuivie par tous les braves cavaliers du pays, et entre autres, par un certain Marquis, leur voisin, qui, l'ayant longuement persecutée à force de présens, obtint d'elle ce qu'il en desiroit, mais elle l'obligeoit bien plus tost par interest que par amour; car toutes ses inclinations estoient dediées à ce valet de chambre, à qui elle avoit absolument donné son cœur.

Un jour, comme son mary estoit allé dehors, qui ne devoit estre de retour que le lendemain, elle envoye tout à l'heure querir son galand, comme elle avoit accoutumé de faire en pareille occasion; mais à peine luy avoit-elle donné le bonjour, que monsieur le Marquis arrive, ayant laissé ses chevaux dans la cour; (il) montoit desja l'escalier, quand une des filles de chambre de la Dame la vint avertir que monsieur le Marquis montoit. Elle, qui pour rien n'eust voulu que le Marquis eust trouvé ce jeune homme dans sa chambre, le pria de se cacher; ce qu'il fit tout tremblant de peur, et, ne sçachant où se mettre, il se cache sous le lict. Le Marquis entre et salue la Dame, qui luy demande comme il avoit sçeu prevoir que son mary n'estoit point au logis : il luy dit que son cœur l'en avoit averty, qui n'avoit pas accoutumé de pronostiquer jamais en vain.

Comme ils estoient en conversation ensemble, le mary arrive : ce qu'une fille de chambre vint aussitost dire à sa maistresse, qu'il estoit desja dans la cour et qu'il avoit veu les chevaux de monsieur le Marquis. Cette femme demeura bien interdite, ne sçachant ce qu'elle devoit faire de voir son mary la surprendre, pendant qu'elle estoit avec le Marquis, et qu'elle avoit un autre galand caché sous le lict. Mais, comme les femmes sont extremement subtiles et prompte plus que les hommes à remedier aux malheurs présens, avec le peu de temps qu'elle avoit, elle dit au Marquis : « Monsieur, si vous avés dessein de me sauver la vie, au nom de Dieu, sans vous informer de la cause qui m'oblige à cela, car je n'ai pas à présent le loisir de répondre là-dessus, mettez l'espée à la main, et tesmoignez d'estre en colere; disant : *Morbleu! je le rattraperai une autre fois!* et en disant cela, sortez promptement de céans, et quoyque mon mary, que vous allez rencontrer sur la montée, vous en demande la cause et vous veuille arrester, allez-vous-en en colere, sans luy respondre. C'est l'unique moyen de me sauver, sans quoy, tenez-moy morte, autant vaut. »

Le Marquis, qui n'avoit pas le loisir de consulter là-dessus, bien aise aussi que par ce moyen il pouvoit aussi échapper, met l'espée à la main, sort de la chambre, et rencontrant le mary sur la montée, dit, en colère : « Morbleu! je le rattraperay une autre fois ! » Le mary estonné, luy demande ce qu'il a; mais, luy, sans vouloir escouter, enfonçant son chapeau à sa teste, sort sans luy dire aucune chose. Le mary trouve sa femme à la porte de sa chambre, à qui il demande à qui en avoit monsieur le Marquis. « Ah! mon amy, luy dit-elle, jamais je ne me suis trouvée si es-

tonnée! Tout maintenant il est venu un jeune
homme se refugier icy, me criant, la larme à l'œil,
d'avoir pitié de luy et de le sauver des mains de
ce Marquis, qui, l'espée à la main, couroit après
luy pour le tuer. Je l'ai fait entrer dans ma chambre et me suis tenuë à la porte pour en deffendre
l'entrée au Marquis, qui, tout furieux, venoit pour
le tuer; mais, ayant connu que je ne le trouvois
pas bon, s'estant venu refugier dans ma chambre,
encore a-t-il esté assez courtois pour ne l'attaquer
pas chez moy. — Ah! dit le mary, sans doute
c'est ce qui l'obligeoit à dire qu'il le rattraperoit
ailleurs. Mais où est-il ce jeune homme? — Je ne
sçay, dit-elle, où il se sera caché. Je m'en vais
l'appeler. Sortez, mon amy, dit-elle, sortez! Ne
craignez rien, il est party. » Ce jeune homme,
qui avoit tout ouï, sort tremblant de dessous le
lict, car il en avoit bien sujet. Le mary luy demande pourquoy le marquis luy en vouloit : « Je
vous jure, dit-il, que je n'en sçay rien, monsieur,
car je ne le connois point, et je crois qu'il me
prend pour un autre : car, si tôt lorsqu'il m'a veu,
mettant l'espée à la main, il a crié : *Tue, tue!* et
sans Madame, qui m'a fait la faveur de me retirer
céans, je serois mort, sans doute. Je luy suis obligé
de la vie. » Le mary le console le mieux qu'il pût
et le conseille de ne sortir point de chez luy, qu'il
ne fust nuict, de peur que l'autre ne le guetast
par la rue. Ainsi eut-il beau recouvrer le temps
qu'il avoit perdu, sans appréhender le mary qui
luy servit d'escorte.

FIN.

TABLE DES MATIÈRES

PARIS. — IMP. SIMON RAÇON ET COMP., RUE D'ERFURTH, 1.